Fiamma Nirenstein

ISLAM

LA GUERRA E LA SPERANZA

Intervista a Bernard Lewis

Rizzoli

ISBN 88-17-87205-9

Prima edizione: aprile 2003

ISLAM

INTRODUZIONE

Il professor Bernard Lewis, che in genere vive a Princeton, in una casa fra gli aceri vicino al suo campus, nei mesi invernali giunge puntualmente in un piccolissimo appartamento in affitto di fronte al mare di Tel Aviv: anche quando è in Israele si dedica ad attività di ricerca e insegnamento. La nostra intervista si è svolta a casa sua, nella luce bianca della grande finestra sulle onde, dove per molte ore ho ascoltato le sue risposte. È difficile raccontare una conversazione con Bernard Lewis, perché raccontando il professore si rischia di cedere all'incanto di raccontare uno studioso perfetto. Si viene sovrastati dall'integrità, dalla modestia, dalla benevolenza che da lui promanano. A me non dispiacerebbe raccontarne, ma a lui dispiace molto che se ne parli. Preferisce il nudo testo, il duello intellettuale, la contesa storiografica. Eppure, introducendo questa conversazione, come si fa a non dare conto del suo umorismo, delle biblioteche di conoscenza in tutte le lingue, del suo *understatement*, dell'anticonformismo, della precisione. Quando lo si saluta la mattina e gli si chiede «Come va?», lui, che è nato parecchio tempo fa, risponde «Benissimo, data l'alternativa». Quando si comincia l'intervista, spiega che bisogna eventualmente fermarlo, perché è caricato a molla per parlare tre quarti d'ora, il tempo della lezione accademica; e sa benissimo che non è vero affatto, spesso le sue risposte frenano all'improvviso, non una parola di più appena raggiunta la conclusione secca e scioccante a qualche considerazione che appariva all'inizio episodica, neutrale. Le sue argomentazioni sono talvolta oblique, larghe, possibiliste, di puro buon senso e persino dominate dalla cortesia; talvolta invece così dure, dirette e sorprendenti da spezzare in un minuto i residui polverosi di quello che fino a quel momento avevi chiamato buon senso. Il suo inglese britannico non ammette deroghe, è il più elegante. La montagna di conoscenza cui attinge lo conduce senza remissione a svelare una verità spietata, che prima resta nascosta nella piana argomentazione; la scoperta si fa largo fra nozioni che appaiono di comune consapevolezza, e che si rivelano nel loro significato a seconda di come viene composto il *puzzle*. E alla fine il disegno è preciso; il risultato è sempre diverso da come te l'eri figurato.

Spesso, quando visito il professore a Tel Aviv nei suoi periodici soggiorni, camminiamo lungo la passeggiata a mare. È qualcosa di unico al mondo: immigrati e turisti di tutte le parti della terra siedono o camminano, le nuvole nel cielo sopra il Mediterraneo sono piene della loro nostalgia. Si vedono tipi curiosi, si sentono canzoni strane, si incontrano abbigliamenti che variano dal costume da bagno a pesanti abiti nordici, sotto il sole fa caldo o freddo a seconda che tu venga dall'Europa, dal mondo arabo, dagli Stati Uniti, dal lontano Oriente. I russi discutono fitto, talvolta suonano, i marocchini giocano a *shesh besh*. Il professore li guarda con discrezione, non insiste. Ma ciò che si incontra per strada diventa uno spunto per le sue osservazioni, diventa un castone nei suoi pensieri: il mondo nelle sue varie espressioni si incastra nelle biblioteche di lingue e di conoscenza che gli fanno compagnia: ho un migliaio di episodi raccontati da Bernard Lewis collezionati nella mente, episodi che punteggiano la sua vita fra l'Occidente e il Medio Oriente. Spesso insieme al sorriso ti conficcano nel cuore molta preoccupazione per quel grande mondo che ha studiato e frequentato da prima della Seconda Guerra Mondiale.

Bernard Lewis è stato un grande sostenitore del processo di pace, negli anni in cui ebbe luogo lo vedevo sollevato, era come se vedere insieme Rabin e Arafat avesse sciolto quel nodo su cui si sono esercitati tanti dei suoi studi, il rapporto fra mondo arabo e Occidente; era come se, come un altro britannico molto affezionato al mondo mediorientale, Lawrence d'Arabia, Bernard Lewis si sentisse libero di sognare un «Nuovo Medio Oriente», in cui la pace potesse trionfare insieme al progresso perché finalmente, contro tutte le previsioni, si era aperto un positivo rapporto dell'Islam con l'Occidente. Il suo distacco di studioso di fatto ha sempre, così mi sembra, nascosto sentimenti di speranza di pace, che si sono appunto espressi nell'insistenza dei suoi studi sul rapporto fra «loro» e «noi», sugli arabi e la modernità, gli arabi e la democrazia, il Medio Oriente e l'Occidente. E non è certo stato facile per uno studioso come lui leggere quelle pagine di Khomeini in cui l'Occidente diventava il Grande Satana, o vedere scoppiare un'Intifada terrorista in cui Israele veniva demonizzato di nuovo in quanto Stato degli ebrei, e trarne le debite conseguenze. Quando Bernard Lewis, che era stato appunto il primo a cogliere il vero significato della rivoluzione iraniana, come vedremo nel testo, nel 1998 ha individuato la svolta che si preparava nell'Islam leggendo i discorsi di Osama Bin Laden, ha avuto il coraggio di comprendere che il Medio Oriente avrebbe generato un caos biblico e che, più avanti, l'attacco alle Twin Towers avrebbe costretto il mondo a una svolta. Lewis ha capito per primo, e ha riportato le sue conclusioni nei libri, nelle lezioni, negli articoli, mentre un pubblico di studiosi scettici e forse semplicemente spaventati rifiutava le sue conclusioni. Nel frattempo l'Intifada ha costretto il grande studioso a guardare con occhi diversi un conflitto che sperava fosse già almeno in parte risolto con l'accordo di Oslo. Bernard Lewis non ha avuto esitazioni ad annunciare le sue scoperte, anche quando erano difficili da accettare, e persino quando enunciarle significava confessare «Ho sbagliato». Adesso, in piena guerra, il professore – assurto, prima nell'opinione americana e adesso anche in quella europea, al ruolo di primo esperto e anche (a lui naturalmente questo non piace affatto) di profeta perché, purtroppo, dice lui, ha avuto semplicemente ragione nel prevedere lo sviluppo dello scontro in atto e del terrorismo – ci si è mostrato di nuovo come un profeta di democrazia e di speranza, di pace fra l'Islam e l'Occidente. Come? Tramite la strada di una sia pur controversa, arrancante democrazia. Democrazia è una parola molto importante per Bernard Lewis: è là che le sue identità di inglese, di americano, di ebreo si incontrano, è là che spera che il mondo islamico e quello nostro un giorno riusciranno a darsi la mano. La sua idea, che è il messaggio di questa intervista, la troverete raccontata nel testo. Molti protagonisti del nostro tempo vanno in pellegrinaggio alle sue case di Princeton e di Tel Aviv per farsela spiegare, per seguitare a sperare, in un'era in cui il cielo appare oscurato.

F. N., marzo 2003

CAPITOLO PRIMO

Cristianesimo e Islam: gli opposti fraintendimenti

Professore, lei oggi non solo è il maggiore storico del Medio Oriente, ma anche il più ascoltato quando si tratta di capire che cosa è successo fra il mondo arabo e l'Occidente, quali passaggi storici conducono alla rabbia dell'Islam estremo e al devastante terrorismo che ha avuto il suo picco nell'11 settembre. Come ha cominciato ad appassionarsi al Medio Oriente?

I miei studi si sono concentrati soprattutto sul medioevo. Quand'ero studente ho dovuto studiare sia il medioevo, sia la storia moderna. Ma la mia attenzione era volta soprattutto al passato remoto; conoscevo l'arabo antico piuttosto bene, e molto poco dell'arabo moderno. Quando sono stato la prima volta in Medio Oriente conoscevo solo la lingua letteraria e per niente quella parlata e quando arrivai ad Alessandria fu come se fossi arrivato a Napoli conoscendo solo Cicerone e il latino. Può immaginarsi in quale difficoltà mi trovai! Andai al Cairo e mi iscrissi all'università dove volevo frequentare dei corsi e poi anche all'università americana del Cairo per studiare l'arabo; perché all'università regolare, naturalmente, non erano previsti corsi per l'insegnamento dell'arabo moderno! Restai in Egitto tre mesi, frequentai l'università, conobbi e parlai con la gente, viaggiai in lungo e in largo per il Paese. Una volta presi parte persino a una manifestazione. Anche se non nutrivo il benché minimo interesse per la protesta. Ci andai solo per vedere, non mi interessava il contenuto. Però fu un'esperienza interessante da osservare: una folla di studenti in piazza che dimostravano pacificamente contro il governo; quando la polizia tentò di fermarli si ritirarono dentro le mura dell'università. E là, nell'Egitto dell'epoca britannica, alla polizia non era permesso inseguirli. Così vidi la scena dei giovani che dall'interno delle mura universitarie insultavano senza pericolo la polizia.

Che tipo di situazione, che tipo di società si aprì ai suoi occhi di giovane studente britannico?

Era una società molto tranquilla. Non mi viene in mente nessun episodio di ostilità, nessun sentimento antioccidentale, né antiebraico né antibritannico. Era un clima quieto e amichevole e la gente era molto ospitale. All'epoca, come le ho già detto, non ero particolarmente interessato alla situazione contemporanea perché fondamentalmente ero un medievalista.

Quando iniziò a occuparsi del rapporto fra democrazia e Islam?

Mi lasci tornare all'inizio. Allora, dall'Egitto andai in Palestina dove rimasi solo un paio di settimane.

E conobbe anche degli ebrei già immigrati dall'Europa?

Sì, conobbi degli ebrei e anche degli arabi residenti nell'area. Poi andai in Siria e in Libano dove rimasi un paio di mesi o poco più, viaggiando parecchio. M'interessava soprattutto visitare il centro della Siria perché era abitata dagli ismailiti, la stirpe su cui avrei scritto la mia tesi di dottorato. Poi dalla Siria andai in Turchia e fu una visita molto breve, solo Ankara e Istanbul, e infine tornai a casa. Quindi il mio primo viaggio in Medio Oriente durò circa sei mesi. Quando tornai in Inghilterra, dovetti finire la mia tesi di dottorato.

A quell'epoca comunque c'era già un forte attrito tra arabi, ebrei e inglesi. Quindi lei si trovò testimone del conflitto.

Sì, c'era già un conflitto in corso, ma deve immaginare un giovane immerso negli studi. Così io guardavo la realtà mediorientale: attraverso il velo dello studio e mentre completavo l'apprendimento della lingua.

E tuttavia, questo conflitto rendeva la situazione interessante per lei, o no? Le sembra oggi che abbia aperto la porta di ciò che poi ha studiato per decenni?

Certo, mi rendevo conto delle tensioni in atto e dove c'è un conflitto le cose sono sempre interessanti. Ma era un tipo di conflitto che appariva duttile, in cui era ancora possibile conoscere la gente e parlare, ascoltare opinioni diverse. Mi interessavano le conversazioni occasionali, ma soprattutto volevo studiare la storia araba come un altro può studiare la letteratura francese o tedesca.

Ci fu una ragione particolare per la quale lei si sentì attratto dal Medio Oriente? Forse gli ebrei?

L'inizio della vicenda è l'amore per le lingue semitiche, che nacque in me quando studiavo la mia porzione della Bibbia per preparare il *bar mitzvah*, la cerimonia della mia maggiorità religiosa.

Mi viene in mente un episodio che lei mi ha raccontato un po' enigmaticamente, di quando era un giovane solda-

to. Stava facendo la guardia assieme a un compagno, in piena notte, e lui le chiese cosa significasse essere ebreo, è così?

Questo episodio non avvenne quando facevo il soldato, ma dopo. Fu durante la guerra ma non facevo più parte dell'esercito, ero stato destinato a un'altra attività.

Immagino si trattasse dei servizi segreti britannici.

Sì. Ero di turno con un mio collega. Eravamo colleghi, lavoravamo assieme, ma non eravamo in confidenza. E tuttavia, quando si è in servizio di notte si sta seduti insieme per ore e ore e la conversazione diventa meno formale. E lui mi disse: «Posso farti una domanda?». «Certo, figurati» risposi e lui cominciò: «Se non sbaglio tu sei ebreo». «Sì, è vero, non ti sbagli» risposi io; e lui continuò: «Ma da quello che vedo non sei osservante, né praticante» e io allora confermai: «Sì, hai ragione»; e lui allora disse: «Ma c'è qualcosa che non capisco»; e io chiesi: «Cos'è che non capisci?». E lui: «Devi ammettere che essere ebreo è pericoloso e difficile» e allora risposi: «Sì, non posso negarlo». Si era nel 1942, o forse nel '43.

Lei era consapevole di quello che stava succedendo agli ebrei europei?

Sì, certo. Lui disse: «Devi riconoscere che essere ebreo è difficile e pericoloso», anzi disse così: «difficile e a volte pericoloso». E poi aggiunse: «Quello che non capisco è: se tu sei un credente posso comprendere che tu voglia soffrire per la tua fede, ma se non lo sei perché resti ebreo, se è difficile e pericoloso? Perché lo fai se non ci credi?». Non fui in grado di dargli una spiegazione soddisfacente.

E oggi?

Be', in quel periodo l'antisemitismo era razzismo, non c'era possibilità di scegliere. Oggi la possibilità di scelta esiste e credo che un certo numero di persone, in particolare certi ebrei in Europa e anche negli Usa, stiano seguendo il consiglio del mio collega!

Pensa a intellettuali alla Chomsky, per esempio, agli ebrei antisraeliani?

Oh, quello è un caso speciale!

In che senso?

Quella è una forma estremizzata di odio per se stessi. È un fenomeno ben noto, un vecchio problema.

Lei dunque non riuscì a spiegare al suo collega perché restava ebreo e lo dichiarava. E oggi ci riuscirebbe in poche parole?

Io non fui in grado di spiegarglielo in modo che potesse capire, anche se ci ho provato... L'ebraismo non è solo una religione ma anche una cultura, un'identità, un destino e, abbandonandolo, avrei mentito a me stesso. Certo, non è la mia sola identità, è una delle mie molteplici identità. Una volta qualcuno chiese a un famoso violinista ebreo americano: «Con chi hai più cose in comune, con un americano non ebreo o con un ebreo non americano?» e lui disse: «Con chiunque suoni il violino». Penso sia una buona risposta. Ma sono così tanti gli elementi che formano un'identità.

Oggi, professore, sull'orlo della guerra con l'Iraq, le si chiedono, da tutto il mondo, pronostici e spunti di speranza per l'avvento di un'era democratica nel mondo arabo. E tuttavia la si è anche duramente criticata, accusandola di guardare al mondo musulmano con occhio occidentale... Questo riflette uno scontro profondo, politico e ideologico, fra gli studiosi del Medio Oriente e dell'Islam. In pratica una parte accusa quelli che nel passato sono stati chiamati per comodità orientalisti di avere sempre studiato il Medio Oriente in funzione della dominazione occidentale.

Sì. Ma ciò non ha senso. La prima cattedra di arabo in Francia venne istituita a Parigi all'inizio del XVI secolo, in Inghilterra invece all'inizio del XVII secolo: 1633 a Cambridge, 1636 a Oxford. Dunque, non si trattava di un'epoca in cui l'Occidente dominava sull'Oriente. L'inizio del XVI secolo era solo di qualche anno posteriore alla definitiva vittoria del cristianesimo sui musulmani in Spagna, la Spagna era stata da poco liberata dal dominio dei musulmani, nel 1492. Quella era un'epoca in cui un pascià turco governava ancora Budapest e Belgrado, in cui l'esercito turco avrebbe messo sotto assedio Vienna, in cui i corsari nordafricani razziavano le coste dell'Inghilterra, un'epoca in cui i mercanti inglesi potevano andare in Oriente solo con il permesso del sultano e a lui sottoposti. Associare la nascita e lo sviluppo degli studi arabi in Europa all'idea di dominazione è un'assurdità. Si deve realmente avere della fantasia per sostenere un'idea del genere.

Ho citato gli inizi degli studi arabi in Francia e Inghilterra, ma in Italia essi risalgono al medioevo, e gli italiani dominavano forse gli arabi? Certo che no. I musulmani, i saraceni, controllavano la Sicilia e parte della penisola. Le loro navi risalivano il Tevere; nell'846 giunsero fino Ostia, che saccheggiarono, e le loro scorrerie arrivarono persino a Roma. Avvenne esattamente il contrario di ciò che sostiene il professor Edward W. Said, il primo degli antiorientalisti: si cominciò a studiare l'arabo per salvaguardarsi, perché l'Europa era attaccata; inoltre in Spagna, in Portogallo, in Italia, in Francia gli arabi riuscirono a mantenere a lungo i territori conquistati. Poi giunse un nuovo movimento da Oriente, i tartari in Russia, e in un terzo momento i turchi nei Balcani. Fino a tutto il XVII secolo l'Europa visse sempre sotto l'attacco arabo o la minaccia di un attacco da parte degli arabi. A un certo punto, a causa dell'avanzata islamica, naturalmente gli europei cominciarono a contrattaccare, gli spagnoli e i portoghesi riuscirono a riconquistare i loro territori, una fase nota infatti sotto il nome di *Reconquista.* Una volta riconquistate le loro terre, seguirono gli arabi in Africa e di lì in Asia. I russi fecero la stessa cosa con i tartari: li scacciarono dalla Russia e li inseguirono in Asia. Insomma, il grande espansionismo imperiale europeo si genera nella Riconquista europea. Cominciò come processo di liberazione dell'Europa e poi, sa, quando le cose vanno bene... si continua. Gli europei hanno messo in pratica quello che avevano insegnato loro i musulmani. Hanno semplicemente imparato bene la lezione. Voglio aggiungere una cosa da cui i musulmani devono essere assolti, un crimine simmetrico rispetto a quello – presunto – degli orientalisti, ovvero lo studio inteso come strumento di dominazione. Sono stati in Spagna per ottocento anni senza mai mostrare il benché minimo interesse nell'apprendere il latino, lo spagnolo o qualsiasi cosa relativa alla cultura occidentale. I turchi rimasero nei Balcani per cinquecento anni circa senza mostrare il minimo interesse verso la civiltà o le lingue d'Europa. Gli studi orientalisti, l'orientalismo è un crimine? Allora l'Islam è innocente del crimine parallelo: lo studio dell'Occidente.

Negli ultimi tempi la storiografia antiorientalista sembra influenzare molto il modo di pensare della nostra opinione pubblica: siamo basilarmente convinti che il povero mondo islamico sia sempre stato tradizionalmente aggredito, sfruttato e frainteso dall'Occidente, e che da qui derivi una legittima ostilità.

Ci sono molti reciproci fraintendimenti storiografici. È ovvio che l'Occidente ha delle colpe nei riguardi del mondo islamico, ma dobbiamo inserire i fatti in un contesto storico. Attenzione, non sto cercando di affermare che l'Europa è sempre stata innocente. Naturalmente non è così. Ma non si può prescindere dal contesto. Al giorno d'oggi, per esempio, è di moda dipingere le Crociate come una specie di prefigurazione dell'imperialismo occidentale, un'aggressione da parte dell'Occidente. Questo è un modo di affrontare la questione. Un altro modo, però, è capire perché i cristiani andarono a oriente: ci andarono per riconquistare, non conquistare; per riconquistare gli antichi luoghi della cristianità. La Siria e la Palestina facevano parte dell'impero bizantino, che era naturalmente il centro della cristianità.

I luoghi d'origine del cristianesimo erano un dominio cristiano, finché arrivarono i conquistatori arabo-musulmani nel VII secolo e incorporarono questi territori nel loro nuovo, vasto impero, l'impero islamico che fu creato nei secoli VII, VIII e IX, così che se i cristiani volevano visitare i luoghi a loro sacri potevano farlo solo con il permesso dei musulmani. Poi ci furono ulteriori assalti e infine si arrivò alla provocazione costituita dall'attacco dei saraceni a Roma. Dalla Sicilia, che era già sotto il loro controllo, i saraceni avevano risalito il Tevere con le loro navi e avevano occupato Ostia e da lì partivano per le loro scorrerie su Roma. Fu allora che nacque l'idea delle Crociate: il Papa di allora lanciò un appello a tutti i paesi cristiani per difendere la cristianità dall'attacco arabo. Ci volle ancora molto tempo prima che l'appello fosse raccolto e la cristianità si decidesse ad agire con le Crociate. Sia chiaro che non sto cercando di difendere le Crociate, ma di collocarle in un contesto che le renda comprensibili.

Dunque le Crociate sono state completamente fraintese?

Sì, anche se il comportamento dei crociati fu certo molto feroce, di fronte a un nemico che non scherzava.

Si tramanda che i crociati smembrassero le persone, i cavalli avanzarono in Gerusalemme col sangue fino ai ginocchi...

Ripeto che non sto cercando di difendere le Crociate né tantomeno i crociati dato che il loro comportamento in quelle terre fu scandaloso. Di sicuro si comportarono molto male, non c'è dubbio. Massacrarono non solo i musulmani, ma anche gli ebrei e addirittura i cristiani ortodossi. Chiunque avesse una barba, insomma!

Non solo, anche le donne e i bambini.

È vero. E tuttavia, per capire, bisogna collocare le Crociate in un contesto storico più ampio; di fatto rappresentarono una risposta molto tardiva e limitata della cristianità a centinaia di anni di attacchi musulmani. Le osservi secondo questo punto di vista: nel VII secolo tutto il bacino mediterraneo era cristiano finché non arrivò l'Islam dall'Arabia e conquistò la Palestina, la Siria, l'Egitto e il Nordafrica; dal Nordafrica avanzarono in Europa conquistando la Sicilia, la Spagna, il Portogallo e attraverso i Pirenei arrivarono anche in Francia. Poi ci fu una seconda ondata: i tartari. E ancora una terza: gli ottomani.

Come conquistatori, i musulmani si comportarono meglio dei cristiani, non è vero?

Sì, si comportarono meglio.

Ci furono meno atrocità?

Ci furono senz'altro atrocità; ma credo sia giusto ammettere che durante il medioevo e all'inizio dell'età moderna le leggi musulmane erano molto più tolleranti di quelle cristiane. E qui sfatiamo un secondo mito, dopo quello delle Crociate. Quando i musulmani governarono in Spagna i cristiani e gli ebrei potevano vivere non proprio bene, ma comunque in maniera decorosa, il livello di tolleranza nei loro confronti era accettabile. Quando i cristiani riconquistarono la Spagna gli ebrei e i musulmani furono cacciati, non fu loro concesso di vivere sotto le loro leggi e quello fu lo stato delle cose fino al XVII secolo, dopo le guerre di religione in Europa, quando i cristiani diventarono intolleranti non solo verso gli infedeli ma anche verso i cristiani che si allontanavano dalle loro credenze. Fu davvero terribile la lotta tra cristiani contro cristiani, cattolici contro ortodossi, cattolici contro protestanti e addirittura fra diversi tipi di protestanti.

E nello stesso tempo ebbero luogo terribili persecuzioni contro gli ebrei.

Esatto, ma in primo luogo le persecuzioni religiose furono contro i cristiani che deviavano dalla dottrina. Tanto terribili furono, che alla fine si arrivò alla soluzione di separare la religione e lo Stato, affinché lo Stato non interferisse con la religione e la religione non usurpasse il potere dello Stato per imporre la sua dottrina. E in effetti in Occidente questo sistema ha funzionato piuttosto bene, consentendo all'Europa e ad altri Paesi cristiani o post-cristiani di sviluppare una forma di religione laica. Nel mondo musulmano non ebbero bisogno di questa soluzione perché non avevano questo problema. Se si chiede ai musulmani come vedono la separazione tra Stato e Chiesa, rispondono che questo è un rimedio cristiano a un male cristiano! «Noi non abbiamo avuto questi mali e quindi non abbiamo nemmeno bisogno del rimedio» dicono. Questo è stato vero per molto tempo. Nei secoli XV, XVI, XVII i territori sotto il dominio musulmano erano un rifugio per gli europei perseguitati: vi si trovavano protestanti che fuggivano alle persecuzioni cattoliche, cattolici che fuggivano alle persecuzioni protestanti, ebrei che fuggivano a entrambe per trovare un rifugio in terra musulmana, nel Nordafrica e in Medio Oriente. L'uguaglianza non esisteva, né poteva esistere. La gente parla di uguaglianza, ma il diritto all'uguaglianza è un concetto molto moderno. È assurdo parlare di uguaglianza nel periodo compreso tra i secoli XV e XVII. Si è soliti dire che sì, nei territori musulmani si rispettavano le usanze cristiane, ma i cristiani erano comunque cittadini di seconda classe. Questo non significa niente. Non erano cittadini, l'idea di cittadinanza è irrilevante. È vero semplicemente che non erano uguali ai musulmani.

Ma disponevano di un'autonomia considerevole, portavano avanti i loro affari privati, praticavano la loro religione, godevano della libertà di culto e riuscivano addirittura a far rispettare le loro leggi dal potere vigente. Ci sono esempi molto interessanti: le leggi sul matrimonio, per esempio, sono molto diverse per i musulmani, i cristiani e gli ebrei. I cristiani di tutte le chiese e confessioni proibiscono totalmente la poligamia e il concubinato; gli ebrei della variante orientale proibiscono il concubinato ma ammettono la poligamia, e i pochissimi rimasti nei Paesi arabi la mettono ancora in atto anche se il costume sta scomparendo. I musulmani ammettono sia il concubinato sia la poligamia. La legge musulmana permette la poligamia con quattro mogli e il concubinato con tutte le donne che si vogliono. La cosa interessante è che c'erano tribunali nella stessa città, sotto lo stesso governo, nello stesso impero che applicavano tre diversi sistemi di legge. Un sistema cristiano, per il quale bisognava rispondere degli atti di concubinato e poligamia di fronte a una corte cristiana...

Stiamo parlando dei secoli XIII, XIV...

Ma anche dei secoli XV, XVI, XVII, XVIII e inizio del XIX. Un cristiano poteva essere punito per un reato che secondo la legge musulmana non era considerato come tale.

Quindi vuole dire, una volta per tutte, che nell'Islam si rispettava una certa autonomia delle minoranze.

Sì, c'era del rispetto. Ciò valeva per esempio per le leggi sull'eredità. Se un cristiano o un ebreo morivano lasciando una ricca eredità, le loro proprietà venivano tramandate secondo le leggi cristiane o ebraiche, nonché amministrate da una corte cristiana o ebraica nonostante la maggioranza fosse musulmana. Possiamo notare che oggi uno dei problemi è proprio che, per la prima volta, i musulmani sono una minoranza nei Paesi cristiani, e ciò costituisce, soprattutto per loro, una novità. In un certo senso godono di una tolleranza molto maggiore di quanto avessero mai sperato di ottenere o chiesto; hanno il diritto alla cittadinanza, il diritto di partecipare alla vita politica, che non sono propri della società musulmana tradizionale. D'altro canto, però, godono di molta meno tolleranza rispetto a quella che essi concessero ai non musulmani e che si aspettavano di ottenere a loro volta. Per esempio, nella tradizione della vecchia società musulmana i cristiani avevano il pieno controllo della loro educazione. Decidevano quali scuole dovevano frequentare, cosa doveva essere insegnato e così via. Cosa che non succede ora.

Dunque, torniamo un momento alla storiografia. Riassumendo: quando la storiografia «antiorientalista» affronta due temi cruciali come Crociate e tolleranza non comprende né le Crociate né la tolleranza nel loro significato vero; perché legge come imperialistica la politica occidentale mentre l'imperialismo è un fenomeno moderno, e intende la tolleranza secondo l'idea che si forma tra il XVI e il XIX secolo.

Sì, questo significa leggere la storia a ritroso: siamo spesso portati a misurare gli eventi sul metro del nostro sguardo, ed è naturale che la gente si affidi alla propria esperienza di vita. Ma leggere la storia a ritroso porta, inevitabilmente, a delle distorsioni. E questo vale in entrambi i sensi, l'abbiamo visto. Si dice che le Crociate furono una forma embrionale di imperialismo, ma questo non ha senso. Poi si dice che i cristiani e gli ebrei erano cittadini di seconda classe nei territori musulmani. E non ha senso neppure questo. Io dico che in entrambi i casi questa interpretazione applica retroattivamente idee moderne o giudica situazioni antiche secondo concetti totalmente irrilevanti all'epoca.

Lo storico, in questo caso lei, professore, talvolta è un grande protagonista, le sue interpretazioni hanno grande importanza per determinare le scelte politiche del momento. È stato talvolta attaccato: perché? Ha raccontato una storia troppo difficile da ascoltare?

Sono tre le occasioni in cui sono stato attaccato violentemente a causa delle mie dichiarazioni. Una è stata l'uscita di *The Return of Islam,* pubblicato nel '76, cioè tre anni prima della rivoluzione iraniana; l'altra furono alcune conversazioni inedite in cui avevo previsto la piega che avrebbe assunto la rivoluzione iraniana, e le spiegherò poi perché, visto che si tratta di una storia interessante; infine, l'ultima è stata la comparsa su «Foreign Affairs» del saggio del '78 *The Islamic Rage,* «La rabbia islamica». In questi tre momenti ho messo in guardia l'Occidente su quanto sarebbe successo e sono stato accusato di avere dichiarato il falso, di aver sollevato un eccessivo allarmismo; sono stato addirittura accusato di essermi trasformato in propagandista.

Chi l'ha accusato?

In primo luogo naturalmente Edward W. Said, l'anglista e storico palestinese-americano autore di *Orientalismo*, e con lui tutti i seguaci di Said che oramai costituiscono una legione.

È accaduto negli Stati Uniti?

Sì, ma Said ha molto séguito un po' ovunque.

Mi risulta che Said è molto ammirato anche in Europa.

In misura minore; comunque sì, anche lì le sue tesi trovano simpatia e seguaci. La cosa interessante circa le critiche alle mie parole o al mio lavoro è che non sono quasi mai arrivate dagli arabi, ma da coloro che si ritengono dalla parte degli arabi. Con gli accademici arabi, nei Paesi e nelle università arabe, ho sempre avuto rapporti eccellenti. Citano i miei libri e i miei articoli nelle loro ricerche, la maggior parte delle mie opere è stata tradotta in arabo, compreso *What Went Wrong* (*Il suicidio dell'Islam*), che negli Stati Uniti è un *best-seller*, sta per uscire in arabo, persiano e turco.

In che cosa consiste l'apprezzamento del mondo arabo?

In genere gli arabi vedono bene che non sono un nemico ma semplicemente uno studioso che cerca di capire la loro civiltà; che non manipolo la storia per motivi ideologici; sanno che leggo la loro letteratura e le loro analisi storiche nella loro lingua e che cerco di studiarli guardando agli eventi secondo la loro prospettiva; perciò, anche se magari non si trovano sempre d'accordo con ciò che dico, lo ascoltano con rispetto. Hanno spiegato benissimo cosa pensano di me a margine di un mio libro che venne pubblicato inizialmente col titolo *The Middle East and the West* e poi venne ristampato, in edizione riveduta, col titolo *The Shaping of the Modern Middle East* (*La costruzione del Medio Oriente*). Questo libro venne tradotto in arabo abbastanza presto, alla fine degli anni '60 – inizio dei

’70. Lo pubblicarono i Fratelli Musulmani, il gruppo integralista egiziano, uno sponsor abbastanza sorprendente: furono loro a scegliere il libro, lo tradussero e lo pubblicarono. Nell’introduzione al libro, cercando di definire il libro e il suo autore, il prefatore afferma di non sapere chi sia l’autore del testo ma una cosa per lui è chiara: «Sia che si tratti di un amico sincero, sia di un nemico onesto, è qualcuno che disprezza la menzogna» dice, e devo ammettere che la cosa mi piace.

Le è piaciuta ma non ha svelato mai se è un amico sincero o un nemico onesto, e io avrei l’ambizione di arrivare a una definizione certa alla conclusione della nostra intervista.

Vedremo, non sarò io stesso a giudicarmi.

Comunque l’intellettuale palestinese più famoso, Edward W. Said, la considera un nemico. Perché? Ne ha mai capito il vero motivo?

Sì, è vero, Said mi ha attaccato più volte. Una volta, in Medio Oriente, un mio amico musulmano mi ha chiesto: «Come mai? Come mai questi difensori appassionati dell’Islam in America hanno nomi come Edward, Albert e Philip?».

Chi è Philip?

Philip Hitti. È un autorevole studioso arabo-americano che ha insegnato storia araba a Princeton ed è stato un difensore appassionato della causa araba.

E Albert?

Albert Hourani.

E come mai si chiamano così, dunque? Cos'ha risposto?

Be', darò la risposta di Fu'ad Zakaria, un eminente studioso arabo, un professore egiziano di filosofia che ha realizzato uno studio davvero interessante chiamato *The Attack On Orientalism.* I nemici degli studiosi orientalisti, secondo lui, appartengono a due diversi gruppi: il primo è quello religioso e apologetico dei difensori islamici dell'Islam, che percepiscono gli studi correnti come parte di un attacco di forze ostili – cristiani, missionari, ebrei, marxisti e atei – contro l'Islam, che loro sono chiamati a difendere. Questi critici hanno due problemi: il primo è che la maggior parte di essi non conosce la lingua in cui scrivono e parlano gli storici occidentali. Devono affidarsi alle citazioni e alle poche traduzioni. Il secondo problema è che non comprendono i metodi critici e accademici che gli studiosi del Medio Oriente utilizzano. Per esempio, attaccano gli orientalisti perché criticano il

Corano, ma trascurano il fatto che questi orientalisti ebrei e cristiani applicano esattamente gli stessi metodi alla lettura di testi cristiani ed ebraici, sono altrettanto spietati con i loro testi, e non fanno niente di diverso nel caso dei testi islamici. Loro non lo sanno, però. Quindi, nella maggior parte dei casi, la loro critica non coglie nel segno, resta marginale e sterile. Fraintendono e interpretano come un attacco lo scopo e i metodi utilizzati dagli studiosi occidentali del Medio Oriente.

Il secondo gruppo di critici che attacca gli orientalisti da un punto di vista non religioso ma politico e culturale sono arabi e si sentono difensori non dell'Islam bensì dell'identità araba. Molti di loro non sono musulmani, e vivono in Europa o negli Stati Uniti, taluni da tempo immemorabile, come Said. Essi non difendono l'Islam ma l'identità araba. Pensano che la storiografia corrente di fatto sia strumento di un attacco agli arabi. Ma hanno problemi diversi da quelli dei difensori islamici dell'Islam. Conoscono alla perfezione la lingua in cui gli orientalisti scrivono e conoscono i metodi accademici che gli studiosi utilizzano. Il loro vero problema è che sono deboli, invece, sull'Islam e sull'antica civiltà araba di cui si ergono a difensori. Said, per esempio, compie errori di base quando parla di storia islamica.

Se ne ricorda qualcuno?

In uno dei suoi libri, per esempio, parla della conquista musulmana del Nordafrica come se fosse successiva alla conquista musulmana dell'Anatolia. La conquista musulmana del Nordafrica avvenne nel VII secolo mentre quella dell'Anatolia ebbe luogo nell'XI secolo. E questo è un errore ovvio e banale che nasce dalla semplice ignoranza. Lo studioso egiziano che ho citato poco fa sosteneva che il problema degli «americani», «espatriati e occidentalizzati» come li chiama, comprensibilmente desiderosi di valorizzare le loro radici agli occhi dell'ospite, è quello di non comprendere l'Islam, di non conoscere niente della loro eredità islamica, della vera cultura dell'Islam. La questione vera è che la corrente storiografica degli antiorientalisti non risente fondamentalmente né di un problema mediorientale, né di un problema musulmano, né di un problema arabo, bensì di un problema americano. Si tratta di un gruppetto di critici, in realtà americani, un'ulteriore minoranza nella società multi-culturale americana che cerca di ottenere rispetto e attenzione. Questo terzo punto è sempre del filosofo egiziano che citavo.

Ma questo problema americano si sta trasformando anche in un problema europeo?

Sì, vedere tutta la storia dell'Islam per studiarne solo le sofferenze è un atteggiamento che si sta estendendo all'Europa, ed è forse da mettersi in relazione alla nuova vasta presenza araba nel Vecchio Continente.

In cosa lo vede?

Nei toni che sta assumendo il dibattito in Europa, dove si trasforma lo studio del Medio Oriente in studio dello sfruttamento occidentale. Lo ha testimoniato in maniera evidente il meeting che c'è stato in Germania, all'università di Magonza, lo scorso anno, il primo convegno internazionale di studi mediorientali nel corso del quale Said è stato premiato ed esaltato. Nel corso di una solenne cerimonia Said ha ricevuto un'onoreficenza ed è stato salutato come l'uomo che ha dato il contributo maggiore agli studi mediorientali.

Come ben sa, la stessa considerazione trionfale è riservata in Europa ai «nuovi storici» di Israele. Anche Benny Morris, che pure è uno storico a cui va riconosciuto del coraggio, vede la storiografia precedente come una forma di autoesaltazione israeliana tesa a sminuire le ragioni dei palestinesi... Lei pensa che questi si inseriscano nella stessa scia di storici che sottolineano la vittimizzazione degli arabi?

C'è indubbiamente un legame, un atteggiamento comune. Vi si può individuare come tratto comune una sorta di disprezzo dell'Occidente per se stesso. «Se siamo in guerra con loro, dobbiamo aver commesso qualche errore.» In effetti, molto spesso, questo è vero. Ma non è un punto di partenza che spiega tutto.

Guardiamo dunque l'interpretazione dell'Islam e la rabbia contro l'Occidente della sua parte più estrema. La lentezza che abbiamo dimostrato nel comprenderla è il risultato di un errore di prospettiva storiografico? Ci siamo fatti troppo guidare nell'interpretazione dai sensi di colpa?

In realtà, indagare le ragioni di questo odio è molto complesso. Ciò che dobbiamo capire è il limite culturale dell'Occidente nell'interpretare lo scontro in corso. In linea generale, gli occidentali attribuiscono molta importanza ai problemi che possono essere risolti a spese di qualcun altro. E anche a quelli che non producono risonanza.

Come le stragi al di fuori del terrorismo più noto, cioè quando non sono direttamente coinvolti gli Stati Uniti e Israele. Il mondo non ne vuole sapere, pensa che siano problemi minori perché non se ne parla.

Se ne parla, ma senza ottenere la minima pubblicità, senza reazioni significative. La Cecenia, il Kashmir, Mindanao, il Sudan… ci sono centinaia di migliaia di persone che vengono massacrate, ma l'indignazione occidentale è molto selettiva. Per esempio, massacri come quello di Hamah, perpetrato dai siriani contro i loro rivoltosi islamici, dove si contarono fra i dieci e i ventimila morti, rimangono totalmente ignorati. I massacri che continuano tuttora in Sudan non vengono considerati. I massacri avvenuti in Algeria negli ultimi dieci o dodici anni non hanno interessato quasi nessuno.

Significa che, secondo lei, si usano due pesi e due misure?

No, ce ne sono molti di più! Ma già che ne parliamo mi lasci aprire una parentesi sul problema di usare due pesi e due misure. È molto interessante notare che si tratta di un'accusa che di solito viene mossa all'America. Di cosa l'accusano esattamente? Appunto di usare due pesi e due misure ovvero della mancanza di imparzialità. L'imparzialità è una qualità molto desiderabile. Lo è nei magistrati, nelle forze di polizia, nelle giurie e in chiunque debba far rispettare la legge. Ma non significa nulla se applicata a uno Stato sovrano che persegue i propri interessi. Quando si accusano gli Usa di assumere una «doppia posizione» e addirittura di non essere imparziali, ciò di cui ci si lamenta non è l'imperialismo ma l'assenza di imperialismo. L'America però non è imperialista, e, di nuovo in base a una fantasia interpretativa senza fondamento, ci si lamenta che non lo sia. Una parte dell'opinione pubblica vede un Paese che parla inglese, che ha degli aspetti in comune con l'ex Impero Britannico, e pensa che gli Stati Uniti siano l'Impero Britannico tornato al lavoro con un nuovo quartier generale e una nuova denominazione! Ma non è vero. Gli Stati Uniti non sono una nuova versione dell'Impero Britannico.

Cosa intende dire? L'America è la prima potenza del mondo! Non condivide con l'Impero Britannico di un tempo il desiderio di dominare il mondo?

L'America non vuole dominare il mondo, l'America non vuole immischiarsi con il mondo. L'America sente l'obbligo di difendere i suoi cittadini e certi valori necessari alla loro sicurezza: libertà, rispetto... E a coloro che sostengono sia un obbligo dell'America risolvere il conflitto arabo-israeliano dico: perché dovrebbe essere un obbligo dell'America più che del Giappone o del Perù? Se si sostiene che l'America è una grande potenza imperiale e lo deve fare, allora è un'altra questione; ma poi non ci si può lamentare che intervenga anche altrove.

Ma torniamo alla rabbia islamica, a come interpretarla.

La dominazione occidentale sul mondo islamico inizia ad apparire schiacciante tra la fine del XVIII secolo e l'inizio del XIX. Fino a quel momento l'Europa era stata dominata e minacciata dall'Islam, poi c'è stato un periodo che si potrebbe chiamare di posizione paritaria e infine gli europei iniziarono a espandersi prima di tutto verso l'Asia, non in Medio Oriente ma in Asia: i portoghesi, poi gli olandesi, i francesi, gli inglesi circumnavigarono l'Africa e raggiunsero il Sudest asiatico e si stabilirono gradualmente in quei luoghi. I russi cacciarono i tartari dalla Russia e poi li inseguirono in Asia dirigendosi nel Caucaso, nel Mar Caspio e nell'Asia centrale. Ma tutto ciò avvenne ai confini del mondo islamico, fino al 1798, quando gli europei colpirono il centro dell'Islam. Qui data l'aprirsi della ferita.

Nel 1798 la Repubblica francese inviò una spedizione militare in Egitto capitanata dal giovane generale Napoleone Bonaparte. Fu un trauma enorme. Fino a quel momento l'avanzata europea era rimasta ai confini dell'impero islamico, i musulmani perdevano terreno in Ungheria o in Indonesia ma erano luoghi molto lontani e, in un'epoca in cui non c'era la televisione, non c'erano massmedia, non c'erano giornali né radio, queste sconfitte in zone remote non avevano risonanza.

Ma quando la Francia conquistò l'Egitto, grazie a una piccola spedizione militare che fu in grado di invadere, conquistare e dominare uno dei territori più duri del mondo arabo-islamico senza la benché minima difficoltà, fu un trauma terribile. L'arrivo dei francesi fu uno shock tremendo.

E poi anche la partenza dei francesi fu un altro shock. Infatti, perché i francesi se ne andarono? Chi li scalzò? Non furono gli egiziani a cacciarli, e neanche i turchi che li dominavano, ma una piccola flotta della marina reale britannica, comandata da un giovane ammiraglio il cui nome era Horatio Nelson! Dunque la prima cosa che agli arabi toccò imparare fu che una potenza occidentale poteva cambiare in un momento il destino di quella regione. La seconda cosa, che gli arabi hanno imparato e capito molto bene, è che solo un'altra potenza europea poteva cacciare la prima. Così inizia un periodo che si protrae fino al momento in cui il Medio Oriente e la sua leadership imparano ad allearsi con l'una o con l'altra delle forze occidentali in campo a seconda della convenienza. Se sei attaccato da uno, ti rivolgi all'altro. È la dottrina elementare per la quale il nemico del mio nemico è mio amico. La situazione è rimasta questa durante i secoli XIX e XX. Per esempio, prendiamo la questione palestinese: gli arabi cercarono fin dall'inizio qualcuno da usare contro i nemici. I nemici all'epoca erano l'Impero Britannico e gli ebrei. Quindi, negli anni '30 e durante la guerra, gli arabi diedero un appoggio entusiastico al Terzo Reich.

Poi, con la caduta del Reich, gli arabi rimasero abbandonati a se stessi! Ci fu un intervallo in cui non ebbero sostegno e fu l'intervallo durante il quale venne fondato lo Stato di Israele. Poi trovarono un nuovo patrono, l'Unione Sovietica, e di nuovo lo sostennero con grande entusiasmo. I sovietici si stabilirono in Egitto e diffusero la loro egemonia, i loro consiglieri militari, in tutto il Medio Oriente.

Perché divennero nemici degli ebrei? Nel novembre del '47 all'Onu avevano votato a favore della nascita dello Stato di Israele.

No, non perché fossero contro il sionismo, perché erano nemici dell'Occidente. Gli ebrei erano secondari. I sovietici non erano contro il sionismo, ma erano invece nemici dell'Occidente. Per i nazisti la questione degli ebrei era importante, per i sovietici no.

Il regime sovietico era un regime autocratico, come le dittature arabe: si comprendevano meglio per questo?

Sì, si capivano meglio. Ma il punto centrale resta che l'Occidente aveva cacciato gli ebrei dall'Europa, e li aveva insediati poi, secondo il punto di vista arabo, nelle loro terre. Il vero nemico era sempre l'Europa cristiana, che significa l'Europa occidentale, l'Europa cristiana che innanzitutto aveva sconfitto ed espulso l'Islam, e poi lo aveva rincorso e perseguitato fin nelle sue terre d'origine. Invece di una dominazione musulmana dell'Europa, che è il decreto divino di Allah, l'Islam dovette subire una dominazione cristiana del mondo arabo, contro la religione e contro la natura. Quindi, era logico cercare supporto contro questo dominio. Quando il Terzo Reich venne sconfitto ci fu un vuoto, si sentì il bisogno di colmare questo vuoto e gli arabi si volsero all'Unione Sovietica, come dicevamo. Così, per un periodo abbastanza prolungato, i sovietici ricevettero un sostegno molto entusiastico eccetto che da quei paesi come la Turchia che avevano avuto esperienza diretta dell'imperialismo russo. Nel mondo arabo, invece, non c'erano stati contatti con l'imperialismo russo, cosicché i loro leader potevano guardare in maniera più pacificata alla Russia. Poi arrivò il crollo dell'Unione Sovietica e gli arabi furono abbandonati a se stessi, finirono gli aiuti economici, militari... Nel frattempo anche in Occidente le cose erano cambiate. Il centro del potere occidentale non erano più gli imperi britannico e francese, bensì gli Stati Uniti. Allora il mondo arabo si è dato alla ricerca di un nuovo alleato, un sostituto, qualcuno che prendesse il posto occupato precedentemente dal Terzo Reich e dall'Unione Sovietica. E lo hanno individuato nell'Unione Europea.

I nemici dei miei nemici, così gli arabi la vedono oggi?

I nemici dei miei nemici. Sperano, è più corretto dire, di trovare nell'Unione Europea un sostituto che li sostenga, che infonda loro coraggio com'è successo prima con i nazisti e poi con i sovietici. Ma dobbiamo considerare che l'atteggiamento dell'Unione Europea è molto eterogeneo. In certi ambienti dell'Unione Europea esiste una certa disponibilità ad accettare questo ruolo, in altri, al contrario, lo si rifiuta.

Israele accusa l'Europa, spesso, di parteggiare per i palestinesi.

Parlando con gli europei, spesso si sente accusare gli Usa di parteggiare per Israele. È interessante notare che qualcuno odia l'America perché «l'America è la protettrice di Israele». E c'è altra gente che odia Israele perché «Israele è protetto dall'America», e questo atteggiamento è più europeo.

Cosa pensa allora quando vede le grandi manifestazioni contro la globalizzazione, contro la guerra all'Iraq, in favore della Palestina o persino di Bin Laden? Pensa che facciano parte dello stesso fenomeno?

Sono un aspetto soprattutto dell'antiamericanismo e talvolta dell'antisemitismo. Essere contro la globalizzazione significa essere contro l'America ed è un messaggio semplicistico e quindi popolare, molto facile da capire: è anche e soprattutto l'invidia che in Europa nasce dalla constatazione che il

Vecchio Continente non è più al centro del mondo, al centro delle decisioni, e che è stato surclassato dall'America. Si tratta di una reazione umana molto naturale. È invidia, risentimento, rancore. Quello che si è espresso nei dubbi sulle «responsabilità americane» dopo l'11 settembre. Dopo un primo momento di solidarietà – subito dopo – è iniziato un dibattito generale sul desiderio dell'America di dominare il mondo, mentre è vero proprio il contrario. L'America non ne ha il più pallido desiderio. Tutta quest'idea dell'imperialismo americano è un'assurdità. È la proiezione dell'idea dell'America che hanno gli europei. L'America ha avuto notevole controllo sulle questioni di altre regioni, grandi interessi economici, ma anche un genuino desiderio di proteggere l'indipendenza e la democrazia delle nazioni.

Tornando alla sua esperienza personale, quando ha iniziato a capire che l'oggetto dei suoi studi diventava così problematico? Posso suggerire io qualche tappa, alla rinfusa? Primo, la guerra del '48 con Israele; secondo, l'ascesa di Nasser che diventa leader del panarabismo; poi la nascita dei Fratelli Musulmani e la crescita del loro movimento all'interno della società islamica; la Guerra dei Sei Giorni; la rivoluzione islamica in Iran; la guerra dell'82 e gli attacchi suicidi degli Hezbollah; la nascita dell'Olp e la scelta del terrorismo come arma principale, poi la guerra in Afghanistan – non l'invasione russa, ma l'avvento dei talebani – quindi Khomeini, poi il crollo del muro di Berlino – perché quello è un momento davvero cruciale – poi il fallimento degli accordi di Oslo, di cui parleremo, e infine il discorso di Bin Laden sulle Crociate e la liberazione della terra santa.

È un elenco molto lungo; per me la vicenda si fa controversa molto prima. Comincia con la guerra. E qui possiamo tornare alla mia storia personale. Ho fatto il mio primo viaggio in Medio Oriente, come le raccontavo, tra la fine del '37 e l'inizio del '38. Il mio secondo viaggio avvenne durante la guerra: facevo parte delle forze armate, ero carrista e poi – o a causa della mia capacità di parlare la lingua araba, o a causa della mia inettitudine con i carri armati – fui trasferito dai carri armati ai servizi segreti, prima militari, poi politici. Trascorsi il resto della guerra lavorando per i servizi segreti e naturalmente mi occupai soprattutto del Medio Oriente, che era già in ebollizione. Si ricordi che non eravamo in guerra con il Medio Oriente, ma con l'Asse, perciò i servizi segreti si occupavano soprattutto del coinvolgimento dell'Asse in Medio Oriente e del sostegno che i Paesi arabi fornivano all'Asse. In Medio Oriente, così, fummo testimoni dell'enorme sostegno e della simpatia del mondo arabo nei confronti dei nostri nemici. Prima della guerra c'erano conflitti, difficoltà, ma erano ancora possibili conversazioni civili fra ebrei, arabi e inglesi. Ma poi il Muftì di Gerusalemme, Haj Amin al-Husseini, andò a Berlino, Rashid Alì al-Kaylani stabilì un regime forte in Iraq, e la Germania, attraverso Vichy, poté operare in Siria. Dopo la capitolazione della Francia la Siria era ancora sotto il controllo di Vichy e totalmente aperta ai nazisti. I nazisti riuscirono a usare la Siria come base per le loro operazioni nel mondo arabo.

Il colpo di stato di Saddam più tardi porta con sé questa eredità nazista.

Certamente esistono numerosi elementi comuni.

Lei pensa che il sostegno arabo al nazismo fu una questione ideologica?

Non fu una questione ideologica né di affinità. Non credo che gli arabi si sentissero in qualche modo attratti dall'ideologia nazista, eccetto per la sua componente antiebraica. Condividevano la posizione antiebraica, la posizione antioccidentale, ma non trovavano interessante il nazismo in sé. Con i sovietici fu lo stesso che con i nazisti. Gli arabi non nutrirono particolare interesse nei confronti del marxismo, salvo qualche leader particolare.

Un giornalista ha visto nell'ufficio di Saddam un'intera grandissima biblioteca monografica su Stalin.

È indubbio che ci furono alcune influenze ideologiche, ma poche, e comunque più nel caso dei nazisti che dei marxisti. L'influenza nazista si espresse fortemente nel partito Baath. Il partito Baath è un clone del pensiero nazista e fascista, e anche comunista: sostiene infatti lo Stato di un solo partito. Nell'immediato dopoguerra ci fu anche il tentativo di applicare al mondo arabo l'ideologia socialista che, come si sa, finì in un disastro. Il socialismo divenne molto di moda subito dopo la guerra. Qualcuno seguì il modello sovietico, qualcun altro il modello socialdemocratico europeo, altri invece volevano un socialismo «arabo». Erano slogan più che realtà: non collettivizzarono i mezzi di produzione, non nazionalizzarono vecchie imprese – non ce n'erano molte –, semmai cercarono di crearne alcune nuove statalizzate, e di fatto invece delle nazionalizzazioni si ebbero delle intromissioni dello Stato. Un principe saudita ha detto persino: «L'unico socialismo vero è quello predicato nel Corano e messo in atto in Arabia Saudita».

Né nazionalismo né socialismo funzionarono quindi, l'unico modello europeo che funzionò egregiamente fu il nazionalsocialismo, in Siria e in Iraq.

Ma, come dicevamo, l'attrattiva più grande nei confronti del nazismo prima e dell'Unione Sovietica poi fu «il nemico del mio nemico è mio amico»: combattevano contro gli ebrei e l'Occidente e, quindi, i loro alleati naturali erano i nemici degli ebrei e dell'Occidente. Nel caso dei nazisti gli ebrei erano più importanti dell'Occidente, mentre nel caso dei sovietici la causa più importante era quella contro l'Occidente. Del resto anche i sovietici non hanno mai amato tanto gli ebrei. Comunque non erano impegnati in una lotta contro di loro, ma contro le «democrazie borghesi».

Però oggi le due cose sono tranquillamente combinate, ebrei e Occidente, anzi ebrei e imperialismo americano nell'immaginario arabo sono un tutt'uno, le bandiere vengono bruciate in coppia.

Sì, è vero. Adesso le due cose vanno tranquillamente insieme. Ma a quel tempo erano distinte. E se ripenso al mio primo impatto con il mondo arabo devo dire che sono diventato amaramente consapevole dell'intenso sentimento antioccidentale del mondo arabo durante la guerra. All'epoca era più antioccidentale che antiebraico perché gli ebrei non costituivano un grande problema: lo erano in Palestina, ma nemmeno lì rappresentavano il problema maggiore. E comunque non costituivano la questione centrale per il resto del Medio Oriente. Il problema vero era l'imperialismo occidentale e il modo migliore per fronteggiarlo era accettare l'aiuto dei nemici dell'Occidente.

Lei ritiene dunque che all'origine dell'antiebraismo attuale ci sia un generale sentimento antioccidentale?

Sì, perché l'antiebraismo viene dopo; ne è un comma, non la causa. Ma da giovane non pensavo a tutte queste cose, non prevedevo di dovermi impegnare nello studio di quello che sarebbe diventato un conflitto terribile. Io, gliel'ho detto, ero un medievalista impegnato in un progetto di ricerca, e di queste questioni mi occupavo piuttosto poco.

Torniamo all'inizio della sua esperienza personale.

Dunque, ciò che mi stupì durante la guerra, era la vastità del sentimento di odio contro l'Occidente. Per esempio, tutti i più grandi leader, uno dopo l'altro, cercarono di scendere a compromessi con i tedeschi, anche Ibn Saud, che si riteneva fosse un nostro caro amico, inviò uno dei suoi innumerevoli suoceri, Halid al-Hud, in Turchia a incontrare i tedeschi ed escogitare qualcosa. Ma noi lo sapevamo e lo fermammo. Quando la Francia si arrese noi inglesi chiedemmo ai sauditi di chiudere la loro ambasciata in Francia ma loro si rifiutarono, volevano l'ambasciata a Vichy e proprio l'ambasciata saudita a Vichy fu un canale di comunicazione tra il mondo arabo e il Terzo Reich. Quando i tedeschi intrapresero azioni militari nel Nordafrica godettero del pieno sostegno delle classi politiche e

militari egiziane. Nasser stesso, anni dopo, durante un'intervista con un giornale tedesco, disse che tutti quanti gli arabi pregavano e speravano in una vittoria tedesca. Sadat lavorava come spia per i tedeschi. Ci sono tre fonti che lo accertano: le memorie di Sadat, le memorie della spia tedesca che lavorò con Sadat – si chiamava Eppler e scrisse un libro molto interessante e affascinate, *Rommel ruft Kairo*, «Rommel chiama Il Cairo», sulla sua esperienza in Egitto durante la guerra – e le memorie dell'uomo del controspionaggio britannico che lo arrestò, Sansom.
Sappiamo che Nuri Said, che si pensava fosse nostro amico in Iraq, aveva avvicinato i nazisti e aveva offerto loro i suoi servigi e che essi rifiutarono perché avevano più amici arabi di quanti ne potessero usare. E non si fidarono di lui. Voglio dire che il sostegno degli arabi ai nazisti fu vasto, profondo, variegato, e che fu diffuso a tutto il mondo arabo.

E l'antisemitismo dei nazisti, gli arabi non se ne preoccuparono?

Se i nazisti avessero vinto la guerra sarebbero stati molto peggiori dei vecchi dominatori. Ma vede, c'è un dato che non si può trascurare: i nazisti non erano molto interessati al mondo arabo e adesso sappiamo, grazie alla documentazione ritrovata negli archivi tedeschi, che l'immagine a cui il mondo ha voluto credere, ovvero quella dei tedeschi che corteggiavano gli arabi, era molto distorta: in realtà avvenne il contrario e i tedeschi erano molto riluttanti. Ignorarono per diversi anni le profferte degli arabi, e poi non esitarono a sacrificare il Medio Oriente ad altri quando diedero mano libera nel mondo arabo ai sovietici con il patto Molotov-Ribbentrop; quando strinsero gli accordi con il regime di Vichy, lasciarono alla Francia il controllo del Nordafrica. Quando arrivarono gli italiani, guardarono alla questione araba come se fosse un problema degli italiani, non dei tedeschi. Insomma, la cosa interessante è che il Terzo Reich non era particolarmente interessato al mondo arabo e non fece mai nessuno sforzo particolare per ottenerne sostegno. Erano gli arabi a inseguire i tedeschi!

E gli italiani?

Loro erano sicuramente più interessati, ma nell'Asse erano il partner meno importante. Gli italiani avevano un coinvolgimento diretto con il mondo arabo attraverso la Libia; e Mussolini offrì tutto se stesso autonominandosi «protettore dell'Islam»!

CAPITOLO SECONDO

La rabbia dell'Islam

Come si arriva all'antagonismo contro l'Occidente, alla rabbia totalizzante dell'integralismo islamico?

Il punto cruciale degli ultimi, diciamo, trent'anni è stato il riemergere del fattore religioso, dell'Islam. Durante tutto il periodo di cui ho parlato – gli anni '30 e la guerra – l'Islam non era un elemento fondamentale. Ovviamente gli arabi erano e si sentivano musulmani. Ma l'Islam non era un fattore determinante, né ideologico, né politico, solo un dato di fatto. In Palestina, e in Libano in particolare, i cristiani rappresentavano una forza importante. Direi che l'islamizzazione risale al dopoguerra: ebbe inizio e si sviluppò in maniera graduale, ma il vero punto di svolta furono gli anni '70.

Con la rivoluzione iraniana.

Anche un po' prima di allora. Con l'ascesa dei Fratelli Musulmani. Il regime egiziano, per esempio, lottò ferocemente contro gli islamisti. Nasser non simpatizzava affatto con i Fratelli Musulmani e li soppresse duramente. Lo stesso fece Assad a Hamah con i suoi fondamentalisti. Neanche Gheddafi diede sostegno agli islamisti. E non lo fecero nemmeno gli algerini, ma questo avvenne più tardi.

E la questione dei Territori... La rabbia islamica ha al centro la questione palestinese? Bin Laden la ricorda sempre più spesso.

In realtà per Bin Laden la Palestina non è una questione importante, ha cominciato a occuparsene da poco tempo. Di recente se ne è lamentato anche Arafat. Ha dichiarato: «Bin Laden non ha mai mostrato il benché minimo interesse nei confronti della Palestina, non gli è mai interessata e adesso la sta usando». Ed è vero, tra l'altro. Se guarda le prime dichiarazioni di Bin Laden, la Palestina non conta.

Ciò non toglie che Arafat usi il nuovo fanatismo religioso.

È vero: c'è un uso reciproco teso a infiammare gli animi.

In particolare si fa leva sul fanatismo che si è creato intorno al conflitto israelo-palestinese in funzione antioccidentale.

Sì, ma in realtà per i fanatici religiosi la questione palestinese è solo una tra le tante, non la più importante. È una bandiera da sventolare per altri scopi.

Quand'è che il problema diventa così tremendo da portarci fino all'11 settembre?

Credo che ci siano due cause precise, ambedue connesse a una speranza di vittoria e dobbiamo cercare di comprenderle entrambe. Una è da attribuire allo sviluppo degli eventi storici. Come le ho già detto, gli arabi hanno sempre cercato qualcuno che li aiutasse contro i nemici occidentali, quindi prima furono i nazisti, poi i sovietici, e adesso cercano qualcuno che possa rimpiazzare questi ultimi. Oggi il nemico occidentale è sempre più identificato con gli Stati Uniti e con Israele, e l'Europa, nelle loro aspirazioni, potrebbe aiutarli a liberarsene.
Questo è quello che potremmo chiamare l'approccio «nazionalista». Ma ce n'è un altro, ed è quello che trova la massima espressione nel pensiero di al-Qaeda. Secondo questo approccio il crollo dell'Unione Sovietica non è visto come la vittoria dell'Occidente

ma come una vittoria dell'Islam. Al-Qaeda dice: «Siamo noi che abbiamo combattuto nelle montagne dell'Afghanistan, siamo stati noi a organizzare la guerriglia, a cacciare i sovietici dall'Afghanistan, portandoli al crollo e alla disfatta». E la linea che si ritrova negli scritti di Osama e dei suoi seguaci è più o meno questa: «Noi siamo i più forti e la storia lo dimostra, quindi siamo destinati ad avere la meglio. Ce l'abbiamo fatta con un impero più forte e pericoloso di loro, l'Urss, con gli altri sarà più semplice».
Il crollo dell'Unione Sovietica è davvero fondamentale per comprendere lo sviluppo dell'islamismo, che mira a un califfato mondiale.

Consideri la situazione nel 1945. Nel '45 e negli anni che seguirono, nel mondo arabo c'erano due grandi ideologie: una era il nazionalismo che era stato l'anima di una lunga battaglia per porre fine all'imperialismo occidentale, e ci riuscì. Dopo il 1945, infatti, i dominii inglesi, francesi, olandesi – tutti gli imperi occidentali, eccetto quello sovietico – crollarono e cessarono di esistere. Tutti i Paesi, uno dietro l'altro, ottennero l'indipendenza. Parlavano di indipendenza e di libertà come se fossero due facce della stessa medaglia. Ma poi scoprirono che si sbagliavano; scoprirono che i frutti della lotta per l'indipendenza erano spesso frutti amari. Negli anni '50 e '60, si resero conto che la libertà e l'indipendenza non erano la stessa cosa. Ottennero l'indipendenza ma avevano meno libertà di prima;

spesso la libertà era stata maggiore durante il dominio imperiale che in quel momento. Quindi ci fu una forte reazione al nazionalismo. E si generò immediatamente un grande disappunto.
L'altra grande speranza dunque venne riposta nel socialismo. Nel 1945, nell'est d'Europa, il regime sovietico aveva sconfitto e annientato il Terzo Reich e nell'Europa occidentale il potere dei partiti di sinistra che sostenevano l'Urss cresceva. Quindi il socialismo stava dilagando sia a est sia a ovest, «reale» e immaginato. I Paesi arabi che si liberavano dal colonialismo pensarono che il nazionalismo avrebbe portato la libertà e il socialismo la prosperità. Così, in linea generale, furono instaurati regimi socialisti in tutti i nuovi Paesi indipendenti.

Il leader più rappresentativo era Nasser, che fu il personaggio chiave di questa ideologia...

Sì. L'Egitto ebbe un ruolo cruciale. Si parlava molto di socialismo arabo e, all'epoca, c'era in corso un grande dibattito: avrebbero dovuto rifarsi a un socialismo arabo o a un socialismo scientifico? Quest'ultimo era un socialismo di tipo marxista, di stile sovietico, mentre quello arabo era socialismo applicato alla condizione araba.

Adattato al mondo della hamula, *la famiglia allargata su cui si fonda la società araba?*

Sì. Ma anche quello fu un fallimento. Alla fine gli arabi decisero che il socialismo non era né arabo né scientifico. Il nazionalismo e l'indipendenza fallirono nel loro tentativo verso la libertà e il socialismo fallì in quello verso la prosperità. Poiché al posto della libertà e della prosperità si erano guadagnati solo tirannia e povertà. E allora ci fu una reazione molto forte contro le ideologie che avevano dominato in quelle regioni, e non era una rivolta esclusivamente contro il mondo esterno, perché il nazionalismo e il socialismo avevano entrambi fallito all'interno dei loro territori. È qui che la religione diventa la strada da seguire, la risposta alle aspirazioni di riscatto di un grande mondo deluso. I mullah spiegarono: «Il socialismo e il nazionalismo sono concetti occidentali. Avete sconfitto il dominio imperialista ma restate ancora preda di idee e istituzioni occidentali».

Questo fu il grande messaggio di Khomeini.

Prima ancora, già all'inizio degli anni '70. Nella «risposta» islamica, è l'origine di tutta la problematica attuale. Ma contemporaneamente si ha un altro evento cruciale, ovvero la rivoluzione della comunicazione. Vede, attraverso la diffusione del mezzo televisivo, la gente diventa molto più consapevole dei problemi. Ci sono sempre state enormi differenze tra i ricchi e i poveri, ma i poveri non lo sapevano.

Non lo vedevano tutti i giorni in televisione, non potevano fare il paragone tra la loro misera vita e il lusso del resto del mondo, dei loro vicini occidentali. E non è stata solo la diffusione della televisione in sé, ma l'intera rivoluzione della comunicazione, fax, telefoni ovunque, radio, registratori, cassette... E in seguito è stata la volta di Internet. Credo che la rivoluzione dei media sia stata molto importante nel mettere in questione il sistema di potere vigente e, personalmente, sono convinto che sia stata questa rivoluzione a far crollare l'Unione Sovietica.

Possiamo dire forse: il Papa e la rivoluzione mediatica.

Certo, il Papa ha sicuramente contribuito. Però il fattore più importante fu la rivoluzione della comunicazione. La *nomenklatura* sovietica si trovava di fronte a una scelta: accettarla o rifiutarla. Se l'avesse rifiutata sarebbe tornata al medioevo, accettandola non poteva che perdere il controllo.

Ma perché il confronto non ha aumentato – e ora sono tornata all'Islam – anche il desiderio di competere, di migliorarsi, l'ansia di lavorare bene per essere come gli altri, e ha accresciuto, invece, l'odio e il senso di frustrazione?

Vede, di norma la gente non se la prende con se stessa se le cose vanno male. È proprio della natura umana prendersela con gli altri. Comunque, osservando questi fenomeni, ci sono stati per lo più due approcci. Il primo è: non siamo stati capaci di stare al passo con la modernizzazione, siamo rimasti indietro, ci siamo fatti superare. Quindi dobbiamo modernizzarci per essere parte del mondo moderno. Il Giappone, la Corea, la Cina sono tutti diventati parte del mondo moderno e noi dobbiamo fare la stessa cosa. Questa è stata la presa di posizione ufficiale della Repubblica turca e di altri all'interno del mondo islamico, di alcuni ambienti in Giordania, in Iraq, in Iran.

L'altra corrente, quella degli islamisti – il secondo approccio –, dice invece: tutti i problemi derivano da quella che voi definite modernizzazione. La modernizzazione è solo una via verso l'inferno, ed è proprio questo il nostro problema. Abbiamo abbandonato la nostra eredità, abbiamo abbandonato la vera religione che Dio ci ha dato e la missione che ci ha affidato in questo mondo, e l'unica speranza di ottenere il perdono è tornare a quella missione. Questa linea di pensiero si ritrova già a partire dalla fine degli anni '60.

In Egitto?

In Egitto e altrove. Inizia negli anni '60 con la *salafiyya*, il fondamentalismo. Ci sono diversi gruppi che appoggiano questa linea e il più importante tra loro è quello dei Fratelli Musulmani. I Fratelli Musulmani in Egitto e anche in Siria, il Fis, il Fronte Islamico di Salvezza, in Algeria. Questa gente non è schierata tanto contro l'Occidente quanto contro i loro stessi governanti. Da qui sono usciti coloro che hanno assassinato Sadat: spesso si sente dire che Sadat fu ucciso perché aveva fatto la pace con Israele. Non è vero. La battaglia più grande non venne intrapresa contro il potere occidentale, perché non occupava già più fisicamente i Paesi in questione. La lotta fu contro i loro stessi governanti: Assad in Siria, Nasser in Egitto e poi Sadat. Non rappresentavano l'Occidente ma l'occidentalizzazione.

Allora quando colui che uccise Sadat dichiarò dopo la cattura di «avere ucciso il faraone», che cosa intendeva? Il faraone non è una figura tutta loro?

Gli assassini pensavano di Sadat che introducesse il pensiero, le leggi, i costumi occidentali. Quello che intendo è: se avessero ucciso Sadat per aver fatto la pace con Israele perché avrebbero dovuto chiamarlo faraone? Il faraone non è un simbolo della pace con Israele. Ma il significato delle loro parole è molto chiaro: il faraone nel Corano è lo stesso che il faraone nella Bibbia, il faraone è il tiranno infedele che opprimeva il popolo di Dio. E in quella particolare storia il popolo di Dio erano i figli di Israele.

È vero. Come cambiano le cose...

E nel Corano il popolo di Dio lo chiamano Israele. La storia dell'Esodo è la stessa nel Corano e nella Bibbia. Così quando l'assassino di Sadat disse che aveva ucciso il faraone voleva dire...

... il perfido tiranno.

Il tiranno sacrilego. Nella legge musulmana, se un musulmano abbandona l'Islam diventa quello che si chiama apostata o rinnegato – è la stessa cosa – e la pena per l'apostata è la morte, non c'è una pena minore. Un apostata deve essere ucciso. La legge dice che Dio può perdonarlo nell'aldilà, ma noi non abbiamo nessuna autorità per farlo. Per questa gente, Sadat era un apostata, perché aveva introdotto metodi e costumi occidentali. Anche lo scià di Persia era un apostata, aveva fatto la stessa cosa. Nasser stesso era un apostata. La gente che si ribellò contro Hafez el-Assad a Hamah erano Fratelli Musulmani...

Saddam è l'unico a non avere avuto una reale opposizione musulmana. Gli si è opposto l'Iran, ma all'interno nessuno. Probabilmente perché è un tiranno molto duro.

Sì, ma anche perché l'Iraq era diventato molto laico.

Lo era, molto laico. Oggi Saddam parla in nome dell'Islam, si mostra in Tv mentre scrive il Corano col suo sangue e si dichiara un discendente del Profeta. Ha detto anche che Maometto gli è apparso in sogno.

Sì, ma l'Iraq resta probabilmente il più laico tra i Paesi arabi, insieme alla Tunisia.

Molto laico ma nemico quanto Bin Laden.

Sì, l'Iraq è il nemico dell'Occidente, e tuttavia è piuttosto modernizzato; ma ormai Bin Laden ha chiarito che le antiche divisioni al momento sono superate in nome del grande scontro in atto.

Come mai la modernizzazione ha portato l'Iraq a odiare l'Occidente e non ad amarlo?

Quando parlo di modernizzazione in Iraq penso a una cosa molto precisa: hanno costruito le infrastrutture; hanno creato un valido sistema di istruzione con una scuola inferiore, una superiore e l'università; hanno concesso alle donne molti più diritti che tutti gli altri Paesi musulmani. Diritto però non è il termine esatto. Hanno dato più opportunità alle donne: istruzione, lavoro, carriera. Perché la parola diritto non ha significato all'interno di questa società totalmente tirannica e sanguinaria. Ma l'odio iracheno contro l'Occidente e l'uso dell'Islam da parte di Saddam nasce quando gli Stati Uniti hanno impedito a Saddam di annettere il Kuwait invaso contro la risoluzione dell'Onu e la Lega Araba, e l'hanno bloccato nei suoi piani per la bomba atomica e le armi di distruzione di massa.

Quindi, per rimanere in tema, lei ha appena detto che da parte dell'Islam diventa sempre più forte la consapevolezza di sé come popolo che ha perso la propria identità e la deve riconquistare tramite la religione.

Sì, il fallimento del nazionalismo e del socialismo ha rafforzato il fondamentalismo religioso.

E ha decretato anche il fallimento della modernizzazione.

Il fallimento della modernizzazione è stato lo spettacolo che ha scatenato l'odio ed è stato messo in scena dalla rivoluzione della comunicazione. Un fallimento che si può vedere in televisione in tutto il mondo arabo, giorno dopo giorno, e che crea nel contempo sentimenti di repulsa e di invidia verso il mondo affluente; in particolare quando si vede l'insopportabile spettacolo della società israeliana in sviluppo e in democrazia mentre il mondo arabo offre tutte le sue difficoltà sociali e politiche. La Tv mostra i cambiamenti, i contrasti; i palestinesi, per esempio, guardano la televisione israeliana e hanno reazioni molto contrastanti.

Lei spera che ciò porterà a qualcosa di buono un giorno?

Sì, penso di sì. Le racconto un episodio molto interessante. Quando Sadat venne qui, durante la sua famosa visita a Gerusalemme, era accompagnato da due guardie del corpo egiziane, me lo ha raccontato la persona che gli stava tutto il tempo accanto. Fece il suo discorso alla Knesset, e i Deputati ascoltarono in completo silenzio, con rispetto enorme. Quando Sadat terminò il discorso, parlò Begin e la Knesset tornò al comportamento usuale: si parlava, si discuteva, si interrompeva, si faceva rumore. Le due guardie del corpo egiziane osservavano tutto ciò sconcertate e una chiese all'altra: «Cos'è questa roba?» e l'altra rispose: «È quella che chiamano democrazia» e l'altra replicò: «Ah, è davvero una bella cosa». Anzi disse: «Una cosa dolce».

Ma, sfortunatamente, questa non era la linea di pensiero dominante negli anni '70.

Non quella dominante, ma esiste tuttora. Ma torniamo a quella che definiamo reazione fondamentalista, che ha assunto forme molto diverse. La *salafiyya*, che è la stessa cosa che i Fratelli Musulmani in Egitto, il Fis in Algeria – che da dodici anni ha ingaggiato una dura e sanguinosa lotta contro il regime – la rivoluzione iraniana, e naturalmente ci sono i sauditi che sono implicati in ogni forma di estremismo wahhabita. I sauditi sono un caso molto speciale, ne riparleremo dopo. Ma dicevamo che per l'Islam fu importante il crollo dell'Unione Sovietica. Se gli estremisti islamici lo videro come una loro vittoria, non avevano tutti i torti. I mujaheddin si batterono con molta forza, i talebani uscirono vincitori, la guerra si concluse con la clamorosa sconfitta di uno dei due nemici: era l'ora di affrontare l'altro. Bin Laden era con loro.

Non fu la rivoluzione iraniana a dare loro molto coraggio? In Iran il popolo islamico ha battuto il suo nemico, lo scià, e il nemico dipendeva molto dal potere occidentale, dagli Stati Uniti.

La rivoluzione iraniana è vista senz'altro come una sconfitta dell'Occidente e una vittoria dell'Islam. Ma allora restava il problema che gli iraniani sono sciiti.

E quindi?

Bin Laden e al-Qaeda sono sunniti; e non solo sunniti, ma wahhabiti.

Questo significa che per Bin Laden Khomeini non è un ideale?

Dal punto di vista dei wahhabiti, gli sciiti non sono buoni musulmani.

Certo. Ma per Bin Laden oggi mi sembra che l'idea del califfato sia predominante. Oggi gli estremisti sembrano tutti uniti, forse per la prima volta.

Adesso possono parlarsi perché li unisce il loro più grande nemico.

Che sono gli Stati Uniti.

No, non gli Stati Uniti, l'intero mondo occidentale, la cristianità.

Possiamo dire che l'attuale rivoluzione islamica fa superare le grandi divisioni che ci sono sempre state, persino quelle tra sciiti e sunniti?

Può spingere a superarle e a creare alleanze anche se non annulla per sempre le grandi divisioni. La rivoluzione iraniana di Khomeini è stata vista come una grande vittoria dell'Islam contro l'Occidente e le sue forme di governo, contro la cultura occidentale. Quella dello scià in realtà non era una forma di governo occidentale, ma fu così che i khomeinisti la videro.

Com'è che quasi tutto l'Occidente si entusiasmò per la rivoluzione di Khomeini, quando era così evidente che avrebbe portato a un'altra dittatura? Lo scià era a sua volta un autocrate, ma in confronto al governo attuale dell'Iran appare come un dilettante. Inoltre l'Iran ha intenzioni bellicose contro l'Occidente, per batterlo si arma di potenti missili a lunga gittata e costruisce l'atomica. E finanzia il terrorismo...

Certo, Khomeini non era poi migliore dello scià.

Mi ricordo i reportage, noi giornalisti eravamo ubriachi di questa rivoluzione di popolo. Non si aveva alcun sentore del prossimo avvento di una crudele teocrazia! Ci limitavamo e gioire, con qualche buona ragione, della cacciata di Reza Pahlavi. Com'è potuto accadere?

Ci sono due ragioni e sono entrambe vere: l'ignoranza e la stupidità!
Con un po' di buonsenso e di studio era possibile capire tutto. Tutto era esposto alla luce del sole. Tutti sapevano quello che stava accadendo. Era ovvio. Le faccio un paio di esempi. Quando iniziarono ad arrivare le notizie sulla possibile rivoluzione, Khomeini si trovava a Parigi o appena fuori Parigi. Qual è la prima cosa che fa un accademico? Andare nella biblioteca dell'università per verificare se Khomeini avesse scritto dei libri. Ne aveva scritto uno che si intitolava *Governo islamico* e che negli anni successivi è stato definito il suo *Mein Kampf*, una definizione piuttosto azzeccata.

Lo presi in prestito e lo lessi. In questo libro, egli esponeva in modo molto chiaro e onesto, senza alcuna ambiguità, come vedeva un buon governo islamico e che cosa intendeva fare se fosse riuscito ad andare al potere. Dopo averlo semplicemente visto scritto da lui stesso nero su bianco, sapevo cosa aspettarmi.

Negli ambienti politici e intellettuali si pensò in generale soltanto che lo scià era un monarca tirannico e che la rivoluzione contro di lui avrebbe instaurato una repubblica libera, e che quindi le cose sarebbero andate meglio per il popolo. Erano speranzose assurdità. Khomeini non lottava per la libertà, il liberalismo non lo interessava. Lottava contro quello che vedeva come un regime secolare filo-occidentale, allo scopo di realizzare il suo ideale di regime islamico. Cercai di persuadere chi potevo raggiungere delle intenzioni della rivoluzione, ma non mi vollero credere. Parlai loro di questo libro, pubblicato solo in due lingue, arabo e persiano. Si trattava di una serie di conferenze che Khomeini aveva tenuto in Iraq. Non ricordo esattamente quando fu pubblicato, ma credo sette o otto anni prima della rivoluzione. Si rifiutarono di credere all'esistenza e all'autenticità di questo libro. Mi dissero addirittura che il libro non esisteva, che si trattava di un falso...

Chi le disse queste cose? Chi non le volle credere?

Alcune persone a Washington e altrove dissero anche che la traduzione era sbagliata. Ma io l'avevo letto in originale, non c'era nessuna traduzione, quindi queste obiezioni erano una falsità, un pretesto per potersi illudere. Così anche l'osservazione degli stessi personaggi, che dicevano: «Il libro è fuori del suo contesto, è frutto di false informazioni». Ci fu persino un giornalista, a Washington, che mi chiese come facessi a sapere che il libro era autentico. Allora io gli fornii due ragioni: la prima è che la copia del libro della biblioteca universitaria era stata catalogata otto anni prima. Se esso fosse stato uno strumento di disinformazione, come lo si poteva preparare con otto anni d'anticipo? L'altra ragione è che Khomeini aveva distribuito copie di questo libro ai suoi ospiti a Parigi. Ma tutti avevano questo patetico convincimento che il futuro iraniano avrebbe portato con sé una repubblica libera e democratica...

Questo mi porta a riflettere sul costante atteggiamento speranzoso della stampa verso gli altri dittatori arabi, per esempio il giovane Bashar Assad. Quando è succeduto al padre tutti scrissero che sarebbe diventato amico dell'Occidente, proprio come si diceva di Arafat. Alla prova dei fatti, dimostra invece una grande durezza. Anche Arafat, nel corso del tempo, ha espresso chiaramente i propri pensieri basta leggere la sua lettera a Saddam, le sue lodi degli shahid, *i martiri, come vengono chiamati nel mondo arabo i terroristi che si fanno saltare in aria. È successo lo stesso anche con Bin Laden: è stato sottovalutato, considerato un pazzo che non contava niente. La sottovalutazione è la cifra della lettura europea. Lei è stato l'unico a interpretare i suoi discorsi del 1998 come una seria minaccia all'Occidente.*

Sa perché l'ho potuto fare? Di nuovo, solo perché so l'arabo, una lingua che persino molti interpreti del mondo arabo non leggono. Il libro di Khomeini era disponibile solo in due lingue: arabo e persiano. Se anche lei avesse letto quel libro non avrebbe avuto dubbi su chi era quest'uomo, da dove veniva e cosa aveva intenzione di fare. Una cosa positiva che si può dire di Khomeini è che non era assolutamente un ipocrita, né un bugiardo. Lo stesso vale per Bin Laden. Anche lui dice chiaramente cosa intende fare, in che modo e perché. Se le persone si sono ingannate è perché hanno voluto farlo. Il desiderio di lasciarsi ingannare quando ti si promette qualcosa di spiacevole gioca sempre parecchio nell'interpretazione delle cose mediorientali.

Quest'atteggiamento, forse, deriva dalla paura...

È vero, specie l'Europa non ne è scevra, particolarmente nei Paesi di vasta immigrazione islamica. Dunque, tornando alla rabbia dell'Islam verso l'Occidente: la rivoluzione iraniana è stata la prima rivoluzione islamica di successo. In Egitto e in Siria i Fratelli Musulmani sono stati uccisi in gran quantità. In Algeria c'è stata una repressione brutale, lunga e sanguinosa, con una serie di massacri dei membri del Fis, il Fronte Islamico di Salvezza. L'unico posto dove la rivoluzione islamica è riuscita è l'Iran. Anche se erano sciiti, nonostante fossero sciiti, questa è stata considerata, alla fine, una vittoria di tutto l'Islam. In quel periodo ero in Indonesia, ospite del ministero indonesiano per gli Affari religiosi. Ho fatto un giro per le loro università religiose e nei dormitori degli studenti c'erano i ritratti di Khomeini. Era il grande eroe islamico. Era un enorme motivo di vanto per loro, un'enorme spinta identitaria.

In Indonesia i musulmani sono sunniti, ma Khomeini ha costituito un punto di contatto importantissimo tra sciiti e sunniti. Le due inconciliabili parti si avvicinarono. Anche oggi il livello di cooperazione tra fondamentalismo di ogni genere e sciiti è piuttosto alto. E oggi c'è un altro fattore molto importante: il wahhabismo e il ruolo dell'Arabia Saudita.

Proprio così. Il wahhabismo di oggi – e con ciò intendo soprattutto Bin Laden – segna l'avvento della stagione del terrorismo, che costituisce la vera novità. La rivoluzione iraniana è stata un successo enorme per l'Islam, ma è stata un successo interno, non una conquista, un attacco agli occidentali. Con Bin Laden si fa un ulteriore passo: la conquista del mondo e il tentativo di farne un califfato, come dice lui, l'uso strategico del terrorismo. Il wahhabismo detiene oggi la leadership ideologica della rivoluzione islamica. È d'accordo?

Il wahhabismo è una forza molto potente ed è una forma estrema, molto violenta, di Islam sunnita. Nato nel diciottesimo secolo nel *Najd*, il Neged, rifiuta tutte le versioni dell'Islam che non siano la sua, e a esse si oppone con forza: per esempio ha attaccato, massacrandoli, gli sciiti e i sufi.

Quando dice che il wahhabismo è una forma «estrema» di Islam intende che l'Islam nel suo insieme si può considerare una religione pacifica, che la jihad *si può interpretare davvero come lo sforzo per migliorare se stessi e non come la guerra all'infedele... Questo estremismo è un aspetto particolare dell'Islam. Non è l'Islam che produce di per sé il terrorismo...*

Adesso stiamo parlando di storia del XX secolo, di più di un miliardo di persone. Mi lasci dire che ci sono grandi diversità nell'Islam come nel cristianesimo. Per esempio si può sostenere che il cristianesimo è una religione di pace, basta leggere il Vangelo per vederlo. Ma la storia della cristianità è piena di guerre e di persecuzioni. L'Islam è diverso dalla cristianità. Il Corano non insegna a porgere l'altra guancia. D'altra parte l'Islam è una religione che ha importanti principi morali. Ci sono interpretazioni differenti dell'Islam. Se guardiamo il loro curriculum l'Islam e il cristianesimo non sono poi così diversi. Entrambe le religioni, per esempio, hanno avuto guerre sante. I cristiani hanno preferito fare le guerre sante al loro interno, l'uno contro l'altro, cattolici e ortodossi, protestanti e cattolici: molte guerre sante cristiane si sono svolte all'interno della cristianità, fra cristiani. E se si parla di persecuzioni, quelle dei cristiani sono peggiori di tutte le altre.

Sono d'accordo. Ma oggi di guerre sante cristiane non ce ne sono più.

Il punto è che la cristianità è ora al suo ventunesimo secolo di storia. L'Islam è all'inizio del quindicesimo.

Questo significa che deve ancora affrontare il problema della separazione tra Stato e Chiesa?

Proprio così: non ha ancora affrontato la questione delle relazioni tra religione e Stato. Dopo la Riforma il mondo cristiano è stato sconvolto da secoli di guerre e persecuzioni interne. L'Islam non ha vissuto tutto ciò. Le differenze all'interno dell'Islam sono talvolta drammatiche, ma niente di simile alle guerre tra protestanti e cattolici. Anche nell'Islam ci sono state persecuzioni, ma lontane da quelle dell'Inquisizione spagnola, o da altre persecuzioni cristiane. L'Islam in questo senso era più tollerante verso coloro che dominava. Il cristianesimo inizia a essere tollerante con gli altri solo quando si arriva alla separazione tra potere politico e Chiesa. Ma dicevo che se si chiede conto a un musulmano della sua storia, ovvero della mancata separazione tra Stato e Chiesa dirà: «È un rimedio cristiano per un male cristiano, con noi non ha niente a che fare». Oggi però io risponderei: «Adesso vi siete ammalati voi. Per guarire dovreste provare con il rimedio cristiano», ovvero la separazione tra il potere politico e la religione.

Torniamo a Bin Laden. Si aspettava l'11 settembre? Quando ha sentito il discorso del 1998, lei ha scritto un articolo profetico su «Foreign Affairs» e poi un altro sull'ascesa del terrorismo, The Revolt of Islam, *«La rivolta dell'Islam», pubblicato sul «New Yorker». Lei ha scritto in tempi non sospetti molte cose in cui ha messo perfettamente in chiaro quello che aveva in mente di fare Bin Laden, prevedendo il corso che avrebbero preso gli eventi. Disse anche che l'unico modo di combatterlo era affrontare il pericolo reale che rappresentava, con decisione.*

In qualsiasi situazione, in qualsiasi tipo di conflitto credo che sia importante confrontarsi con la realtà e non baloccarsi con le proprie speranze.

In questo caso lei che tipo di realtà antivedeva? Si poteva già prevedere l'orrore futuro dal discorso di Bin Laden del 1998?

Non era un discorso. Tutto era stato scritto. Penso che Bin Laden, come le ho già detto, sia sempre stato molto chiaro e molto sincero. Esprime i suoi obiettivi in modo molto eloquente. È un ottimo scrittore. C'è un'altra ragione della sua popolarità: nella cultura araba, nella tradizione araba, l'eloquenza è molto ammirata. Nella letteratura classica, sono molte le storie che narrano dei grandi oratori del passato e dei successi che hanno ottenuto grazie alla loro facondia. Ai nostri tempi l'arte oratoria è una disciplina quasi scomparsa perché parte dei governanti del mondo arabo sono o soldati o gangster. Lo scopo dell'oratoria è la persuasione: loro non persuadono, comandano. L'oratoria è inutile, quindi. Mi permetta di dire che i grandi soldati spesso non hanno una gran padronanza della lingua araba. Nasser, per esempio, non fu un grande oratore.

Lei parla spesso di Bin Laden come se le avesse fatto una certa impressione. Che cosa ne pensa? È davvero una figura carismatica?

È proprio così. È carismatico, eloquente e sincero. Crede davvero nelle assurdità che dice! È una figura popolare, genuina – cosa molto rara oggi nei politici –, che si esprime in modo chiaro e comprensibile. E c'è un'altra cosa: di solito un politico proviene da una classe povera, ha umili origini e accede al potere e alla ricchezza usando la forza delle armi o degli affari. Bin Laden ha fatto esattamente il contrario, è nato nella ricchezza e nel lusso e ha scelto una vita di stenti e di pericoli.

Un San Francesco terrorista.

Un Robin Hood, direi. Anche questo è un aspetto che affascina le masse.

Penso che il suo fascino sia così grande anche perché ha reso popolare un'arma strategica, quella delle bombe umane, le persone che si fanno saltare in aria con un ordigno addosso, un'arma micidiale, poco costosa, pervasiva, temuta da tutti. Esistevano già nella strategia degli Hezbollah, dei palestinesi e di altri, ma Bin Laden ne ha fatto un fenomeno epocale.

Questo è venuto più tardi, è un aspetto che non riguarda l'inizio della sua attività. Quello che lo ha reso veramente popolare sono le cose che ho detto e soprattutto il grande trionfo afghano sull'Unione Sovietica. Mentre la rivoluzione iraniana è un successo interno, il rovesciamento dell'Unione Sovietica è un cambiamento globale – non mi stancherò mai di ripeterlo – e Bin Laden ne è uno degli artefici.

Quando ha iniziato la sua nuova campagna Bin Laden ha invitato a cacciare dalla terra santa dell'Islam gli infedeli. Si riferiva anche a Gerusalemme?

Gerusalemme veniva al terzo posto.

E al primo?

L'Arabia. Questo è il punto centrale della sua propaganda: la presenza di infedeli in Arabia, gli americani sul sacro suolo del Profeta nella culla dell'Islam. Questo è visto sia come una minaccia sia come un insulto. Poi, vede, i nemici per lui sono i crociati.

Ma i crociati non erano americani. Erano invasori europei...

Invasori impegnati in una guerra santa... Lui sa

cos'è una guerra santa.

Dunque, al primo posto c'era l'Arabia, al terzo Gerusalemme e al secondo?

L'Iraq. La presenza militare americana nell'Arabia Saudita è intesa da Bin Laden come l'avamposto per occupare l'Iraq. Per mezzo millennio la Mesopotamia è stata il centro del califfato e della cultura musulmana, Baghdad ne era la capitale. L'Iraq è quindi l'altro cuore dell'Islam, Gerusalemme è una preoccupazione molto minore divenuta importante per motivi più politici che non religiosi.

In questa guerra santa, il terrorismo è l'arma strategica. Ma non è stato Bin Laden a inventare l'uso massiccio del terrorismo come arma strategica. Fu Arafat che fece del terrorismo una sorta di lotta di massa con fini strategici.

Il terrorismo inizia con Arafat e l'Olp. Dagli anni '60 ci sono state diverse circostanze che hanno portato al suo uso massiccio, a quella che si può chiamare l'era del terrorismo. La prima è la guerra del '67, la Guerra dei Sei Giorni: un piccolo Stato che sconfigge tre dei maggiori Stati arabi musulmani. E si tratta di una sconfitta umiliante: in sei giorni Israele occupa territori che appartenevano a Egitto, Siria e Giordania. Gli arabi si resero conto in questa circostanza che ormai non potevano più vincere sul campo di battaglia, bisognava trovare altre vie: l'esercito regolare aveva miseramente fallito e così si volsero all'uso dei guerriglieri terroristi.

Ed è stato un cambiamento radicale perché con i guerriglieri sono arrivati fino a Monaco, durante le Olimpiadi, e a Entebbe, e a Roma... ovvero hanno portato la guerra su ogni terreno, in tutto il mondo.

Questo accade perché un'altra cosa che è cambiata, come ho detto, è la comunicazione. E di conseguenza anche il terrorismo ha cambiato carattere. C'erano stati movimenti terroristici anche in passato, e lo scopo dei terroristi di solito era indebolire e battere il nemico di turno persuadendolo che il costo della resistenza era troppo alto. Questo, in linea di massima, è valso per tutti i movimenti terroristici. Dopo il 1967, l'obiettivo principale non è più il nemico stesso, ma lo schermo televisivo. Siamo giunti a quello che uno scrittore francese chiamerà poi *terrorisme publicitaire*. Non si cerca più di colpire il nemico nei suoi punti deboli, cosa che sarebbe difficile e pericolosa e avrebbe un effetto limitato. Il terrorismo pubblicitario vuole raggiungere gli schermi televisivi, e ci è riuscito.

Penso di nuovo che l'Occidente abbia aiutato questo processo. Non solo prestando i propri schermi televisivi ai terroristi, – e magari finanziando gruppi, come Hamas, che si sarebbero rivelati pericolosi – ma soprattutto non pronunciando nessuna profonda, autentica e scandalizzata condanna di questi eventi. Per esempio, la vicenda di Monaco fu impressionante: la Germania non volle intervenire contro i terroristi soprattutto per paura delle televisioni. I tedeschi hanno lasciato che gli atleti venissero massacrati, e le Olimpiadi proseguivano. L'immagine trasmessa dalle Tv di allora è ripugnante: i terroristi sembravano figli dei fiori, tutti apparivano come giovani Che Guevara mentre massacravano gli atleti, uno all'ora.

Mi ricordo quando in quell'epoca i terroristi si servivano delle ragazze per mandarle sugli aerei con una bomba in valigia. Almeno un terrorista palestinese intrecciò una relazione con una ragazza europea e la usò a questo scopo.

La cultura della sinistra passò dal guerrigliero sudamericano a quello palestinese con grande leggerezza.

Sì, Arafat ha tanto successo quanto Che Guevara.

Il Che sembrava un attore cinematografico, col sigaro, le brevi parole da eroe silenzioso, la vita nella foresta. Non ho mai capito completamente le ragioni del successo, dell'impatto mediatico di Arafat. E lei?

Non è certo impossibile da spiegare. Molti hanno bisogno di quel tipo di eroe: un leader totale, completamente dedito alla causa, con una sola morale, la sua. E comunque Arafat è il leader carismatico palestinese creato dalla storia, dalla guerra e dai media europei, specialmente dalla televisione. È il risultato dell'onore ferito di tre Stati e degli eserciti arabi dopo la totale, vergognosa sconfitta del '67, la seconda dopo quella del '48, e della ricerca di una consolazione guerrigliera.

Comunque il terrorismo sembra essere profondamente radicato nella storia dell'Islam. Lei ha scritto uno dei suoi libri migliori sugli Assassini.

Sì, ma c'è differenza. Gli Assassini non hanno mai fatto nulla contro la popolazione innocente, avevano per obiettivo un individuo ben preciso che poteva essere un governante, un generale o qualcuno di questo calibro, nessun altro. Nell'azione degli Assassini medievali non ci sono danni collaterali! È una differenza molto importante.

Non avevano per obiettivo i civili, mentre i terroristi di oggi attaccano i civili.

Gli Assassini colpirono non solo militari, ma anche leader, ministri. Fare una distinzione tra civili e militari non ha molto senso. Non miravano allo scandalo. Oggi l'obiettivo sono gli schermi televisivi, ovviamente tanto più le azioni terroristiche sono numerose e terribili, tanto più sono sanguinose ed eclatanti, meglio è.

Tuttavia l'Occidente ha molta difficoltà a condannare il terrorismo. Anche dopo l'11 settembre la solidarietà agli Stati Uniti è durata poche settimane. Dopo si è cominciato a discutere sulle colpe degli americani che avrebbero condotto i terroristi a un atto tanto estremo.

Proprio così: dopo l'attacco dei terroristi di Bin Laden gli occidentali, inclusi gli stessi americani, hanno subito cominciato a domandarsi cosa avevano fatto per offendere gli arabi.

Non se ne è stupito anche lei?

No: io vivo in America! E la domanda è molto americana.

Dopo l'11 settembre molti analisti si sono subito messi a sottolineare le differenze tra gli attacchi agli Stati Uniti e quelli a Israele come se i secondi avessero delle giustificazioni. Lei pensa che ci siano delle differenze?

Ci sono, certo, delle differenze tra i nazionalisti palestinesi che seguono ancora il vecchio stile e la vecchia impostazione, e gli estremisti religiosi con obiettivi mondiali. Ma ora si stanno uniformando e unificando. Infatti la Jihad islamica e Hamas si sono spesso unite ad al-Fatah e spesso le loro azioni sono state concordate o concorrenziali, mirate sugli stessi obiettivi, condotte con tattiche simili o identiche.

Lei ha scritto che il suicidio è assolutamente proibito nell'Islam. È vero? Il suicidio dei terroristi è proibito?

Di norma il suicidio è proibito e la legge islamica è chiarissima su questo. Se una persona si suicida non è ammessa in paradiso, va all'inferno anche se la sua vita è stata del tutto virtuosa. All'inferno la sua pena consiste nell'eterna reiterazione dell'atto del suicidio. Quindi se si avvelena, ha dolori al ventre per sempre, se si impicca, sta appeso per l'eternità. Poi arrivarono i wahhabiti e le loro regole: per loro, per le loro fatwa, se si muore per propria mano allo scopo di annientare il nemico non è suicidio. Suicidio significa morire per propria mano agendo contro se stessi. Ma se vai incontro alla morte affrontando un certo nemico forte e potente, questo non è suicidio, è un gesto di guerra, obbligato dalle circostanze, dal dovere, e va bene.

Così la shahada, *il «martirio», è legittima?*

Non è morire di propria mano. Inoltre i wahhabiti e le loro dottrine dicono che se anche uno muore per propria mano, se porta con sé molti nemici dell'Islam, molti oppressori, compie un atto di legittima difesa, addirittura eroico.

La shahada *sta sfortunatamente diventando una base pervasiva nell'educazione dei bambini nel mondo arabo e in Palestina.*

Si tratta di indottrinamento sistematico, che si compie nelle scuole, alla Tv, sui libri di testo: una novità nell'ambito dell'educazione nel mondo arabo e sfortunatamente anche nelle «madrasse» in Europa, in America e in Pakistan.

Molti europei e alcuni americani sostengono che il terrorismo contro gli Stati Uniti discenda direttamente dal conflitto israelo-palestinese. Lei cosa ne pensa?

È una supposizione insensata. Se uno è malato e ha la febbre, bisogna individuare la causa. Il sinto-

mo non spiega la causa della malattia. Intendo dire che il conflitto israelo-palestinese è importante certo, ma non è il nocciolo della questione: il conflitto è molto più esteso e più profondo.
Israele potrebbe sparire miracolosamente domani e la situazione peggiorerebbe anziché migliorare.

In che senso?

Il capro espiatorio non ci sarebbe più. L'estremismo islamico dovrebbe trovarne immediatamente un altro.

E sarebbe l'Europa?

Potrebbe essere.

Ora ci troviamo di fronte a un problema molto chiaro: se per non essere attaccati non vogliamo apparire morbidi e viziati ai terroristi – perché ci vedono corrotti e molli, Bin Laden l'ha ripetuto e così ci mandano terroristi suicidi senza tema di una vera risposta – cosa dobbiamo fare?

Quando hanno attaccato gli Stati Uniti l'11 settembre, è chiaro che non si aspettavano una risposta efficace. Non dimentichiamo che negli anni '90 ci furono molti attacchi agli americani – in Africa orientale, nello Yemen, in Arabia Saudita – e che cosa hanno fatto gli Stati Uniti? Niente. Alcune parole dure, alcuni missili mal puntati, e basta. Così i terroristi hanno pensato di poter alzare il tiro, di poter passare al grande assalto. Quello che è successo dopo li ha sorpresi: dopo l'11 settembre, l'attacco americano in Afghanistan, l'annientamento dei talebani, è stato uno shock terribile per loro e hanno cominciato a rivedere le loro opinioni. Hanno cominciato a pensare che dovevano stare più attenti. Poi è iniziato il confronto, il dibattito in America e specialmente in Europa. Si sono sentiti appoggiati.

E hanno ricominciato con Bali, Mombasa, l'isola del Kuwait, e tanti altri attentati in tutto il mondo.

Hanno pensato: «Sembra che avessimo ragione anche stavolta». Hanno ricominciato: sono direttamente incoraggiati da quello che vedono: debolezza, divisione, indecisione.

Saddam Hussein non è Bin Laden: ci sono buone ragioni per la guerra o no? Quali sono? Perché Saddam Hussein deve essere fermato?

Cosa accadrà se non si farà nulla? Andrà avanti, seguiterà ad accumulare le armi di distruzione di massa che non ha esitato a usare contro il suo stesso popolo, e anche contro l'Iran. Continuerà ad ampliare il suo dominio nell'area del Golfo e oltre.

Costruirà la bomba atomica, su cui abbiamo informazioni precise dai fuoriusciti. È una grande minaccia per il mondo. E non fare nulla dimostrerebbe anche che l'Occidente è debole, diviso e inconcludente, che si può intimidire.

Il problema del limite morale della guerra è molto sentito nel conflitto tra Israele e i palestinesi. Ottocento sono state le persone uccise in due anni in attacchi terroristici brutali, che prendono di mira le famiglie. Eppure il mondo spinge Sharon a non colpire troppo duramente i palestinesi, si indigna per le incursioni dell'esercito che hanno fatto a loro volta molti morti. Lei cosa pensa che dovrebbe fare?

Sharon non può che fare ciò che è necessario per la sicurezza del Paese che governa, ma con moderazione e senza spirito di vendetta.

Il fatto che Bin Laden – o al-Qaeda, se lui è morto – parli sempre più spesso della questione palestinese dimostra che è diventata molto importante per i terroristi?

È una questione di comunicazione, si vuole destare scalpore, provocare reazioni. Anche l'Europa è molto reattiva sul conflitto. L'Europa è totalmente indifferente ai massacri in Nigeria, in Sudan. Ma quando c'è di mezzo Gerusalemme, allora scatta la molla.

CAPITOLO TERZO

Il conflitto israelo-palestinese e il rifiuto arabo

Quando si parla di Occidente e mondo arabo non si può prescindere dalla storia delle relazioni tra israeliani e palestinesi. In tutti questi anni di guerre, scontri, terrorismo, il conflitto tra i due popoli è assurto ad archetipo dello scontro tra due mondi. Come è accaduto?

La questione palestinese è una questione cruciale dei rapporti dell'Occidente con il mondo arabo e la prima cosa da fare è spiegare perché ha un ruolo tanto di spicco. La questione palestinese è diventata la «lamentela», la «protesta» accettata ufficialmente dai regimi arabi. Si ricordi che nei Paesi arabi ci sono regimi autoritari. A parte Israele e la Turchia, non c'è un singolo Paese nel Medio Oriente in cui viga la libertà di stampa o di pensiero o ci sia la possibilità di aperto dibattito. E lo stesso vale per la maggior parte degli altri Paesi musulmani. C'è un malcontento ben radicato in questi Paesi, una sofferenza reale, non immaginaria, e il bisogno di uno sfogo. Se la sofferenza non trovasse una via d'uscita i governanti dovrebbero affrontare la rabbia incondizionata della loro stessa gente; e per questo hanno bisogno di una via di fuga per gli intellettuali come per il popolo. Ne hanno identificate varie in tempi diversi, come nel Kashmir e nelle Filippine, ma quella preferita è il conflitto arabo-israeliano e non è difficile indovinare le ragioni di questa preferenza. Una è che Israele è una società aperta, il che significa che i media possono entrare, uscire e operare liberamente, e questo è un grande vantaggio per la critica, che ha di che nutrirsi; non succede per nessuno degli altri Paesi dell'area. Il secondo motivo è che Israele è abitato in prevalenza da ebrei. E lei sa che c'è un vecchio detto che recita in inglese «Jews are news», gli ebrei fanno notizia.

Perché l'opinione pubblica europea si unisce in sostanza a un coro di critiche spesso infondate?

Per molti europei questa è un'opportunità. Si dice che l'ostilità europea sia da attribuire al riproporsi di fermenti antisemiti. In un certo senso può essere vero ma non credo sia la questione centrale. La vedo diversamente. Da più di mezzo secolo ormai gli europei si sono imposti di assumere un atteggiamento di contrizione nei confronti degli ebrei, d'avere un'acuta consapevolezza dei crimini commessi, una diffusa accettazione del senso di colpa. Un senso di colpa ben giustificato. Adesso, finalmente, hanno trovato l'opportunità di abbandonare questo atteggiamento di contrizione che è molto scomodo e al quale non sono abituati e adottarne uno di riprovazione derivato da una pretesa di superiorità morale.

E se la pretesa diventa antisemitismo, menzogna reiterata, ignoranza della storia e dei fatti? Intendo dire: questo conflitto è coperto da molti pregiudizi, di che si tratta?

L'ostilità verso gli ebrei, nell'Europa cristiana, ha avuto due fasi: la prima, puramente religiosa, era il rifiuto cristiano degli ebrei in quanto assassini di Cristo, coloro che rifiutarono di riconoscerlo e di accettarlo come Messia. Questo rifiuto era formulato religiosamente e giustificato teologicamente. Gli ebrei erano perseguitati a causa della loro fede. E potevano evitare la persecuzione cambiando la loro fede. Poi arrivò il razzismo, che iniziò in Spagna con la questione della *limpieza de sangre*, la purezza del sangue, e che il nazismo portò ai suoi estremi, con la dottrina dell'inferiorità razziale. E agli ebrei non bastava convertirsi per «cambiare razza».
Adesso siamo di fronte a un terzo tipo di antisemi-

tismo ideologico, formulato contro Israele e il sionismo; è un tipo di antisionismo che deriva dai sovietici, anche se in ogni caso l'antisemitismo di sinistra non è un fatto nuovo. Risale al XIX secolo, con Proudhon per esempio, e anche a ben prima, con Voltaire. E credo che qui antisemitismo non sia il termine esatto perché questa parola ha una connotazione razzista e questo odierno antisemitismo, invece, non è razzista, è ideologico. Ha più a che fare con l'antigiudaismo medioevale che con il moderno antisemitismo nazista. Nel medioevo era una questione religiosa. Non era antisemitismo, bensì antigiudaismo.

E il nuovo antigiudaismo, oggi, riguarda il sionismo? Secondo lei la sinistra detesta gli ebrei per quello che pensano oggi? Per la loro identificazione con Israele?

Per tanti motivi. In particolare per la loro idea di sé come nazione, per il sionismo, perché sono diversi. Per quello che sono.

Possiamo sostenere che un tempo gli ebrei erano condannati perché erano degli individui diversi dagli altri mentre oggi vengono condannati perché sono una nazione diversa dalle altre?

Come al tempo dell'antigiudaismo teologico, questo nuovo tipo di antigiudaismo ha restituito agli ebrei l'elemento della scelta. Adesso gli ebrei possono di nuovo «convertirsi». Siamo ritornati all'antigiudaismo medioevale, che consentiva la conversione a fine di salvezza. In questo modo, come allora, gli ebrei possono sia rifuggire dalla persecuzione sia unirsi ai persecutori.

Se non vuoi essere ebreo allora puoi rinnegare Israele e sarai perdonato. Significa quindi che i rinnegati sono particolarmente benvenuti?

Esattamente.

E sono molti i rinnegati?

Direi che ce ne sono parecchi, ma preferisco non scendere in dettagli. Nell'ostilità verso gli ebrei in Europa ci sono tre fasi: nella prima, gli ebrei sono condannati in quanto assassini di Cristo; hanno sempre l'opportunità di abiurare, basta che pronuncino la formula, la parola magica e vengono accettati.

La formula magica. Come oggi, dire: «Ah! Quello Sharon».

«Rinuncio al demonio.» Esatto. Nella seconda non si parla più di antigiudaismo ma di antisemitismo e gli ebrei non hanno scelta, devono essere soppressi: di qui il genocidio; poi si arriva alla fase moderna, una revisione dell'antigiudaismo medioevale, in cui si condannano il sionismo e Israele, non solo Sharon.

Ma come si riconosce la critica legittima? Quand'è che dalla critica si passa all'antisemitismo?

Israele è uno Stato, e in quanto Stato mette in atto una propria politica e compie delle azioni. È perfettamente lecito discutere, criticare e condannare le azioni e la politica di uno Stato o di un uomo di Stato senza essere accusati di pregiudizio. Il sionismo è un'ideologia e, di nuovo, è perfettamente lecito criticare o rifiutare un'ideologia senza necessariamente essere colpevoli di pregiudizio o di antisemitismo. Io credo sia un concetto chiarissimo. Ma c'è un punto in cui questa critica diventa un tutt'uno con l'antigiudaismo cristiano, l'antisemitismo razzista, l'antisionismo di sinistra: quando si usa per Israele un metro per giudicare i suoi errori e le sue mancanze totalmente diverso rispetto a quello di qualsiasi altra nazione. Basta mettere a confronto la condanna di Sharon per non aver prevenuto il massacro di Sabra e Chatila con la totale indifferenza per i veri perpetratori della strage, per non parlare di altri, grandissimi massacri, mai citati, mai presi in considerazione perché per essi non è possibile accusare Israele.

Questo è un aspetto molto interessante. Molti giornali tuttavia paragonano i tentativi e le battaglie di Israele per catturare i terroristi agli attacchi dei terroristi stessi, mettendo questi ultimi in secondo piano. A volte, per esempio, si vede un titolo che recita «Uccisi tre palestinesi» e si scopre solo leggendo l'articolo o ascoltando il servizio in televisione che i tre avevano una cintura di esplosivo addosso e stavano per fare – o avevano fatto – un attentato. Prima lei ha parlato di imparzialità. Vorrei che spiegasse questo concetto così importante.

Il termine che ho usato è «equivalenza morale». Per giudicare la storia, tutto dipende dal punto di partenza, dalla prospettiva. Se lei sta per scrivere la storia delle relazioni tra America e Giappone e comincia da Hiroshima avrà una versione piuttosto diversa da uno che cominci a raccontarla da Pearl Harbour. Poi c'è l'aspetto comparativo. Tutti i metodi accademici sono comparativi. Ma nel caso del conflitto mediorientale questo aspetto è del tutto ignorato.

Lei pensa che oggi in Europa, non solo da parte dei giornalisti, ma anche degli accademici e della cultura di sinistra ci sia la tendenza a guardare la storia di Israele «partendo da Hiroshima»?

Sì, ed è proprio per questo che è necessario adottare un metodo comparativo. Ora, la gente prova compassione per le sofferenze dei palestinesi e mi trova d'accordo: è naturale, umano, onesto. Ma mi lasci fare una domanda: a Sabra e Chatila sono stati massacrati ottocento arabi mentre a Hamah, quando il regime siriano represse nel sangue la rivolta dei fondamentalisti, si stima ne siano stati massacrati tra i diecimila e i ventimila. Perché uccidere ottocento arabi a Sabra e Chatila è considerato un crimine contro l'umanità, ma ucciderne almeno diecimila a Hamah non è considerato un reato?

Nessuno è stato accusato per Hamah, non c'è un nome, non c'è un'accusa formalizzata, mi sembra.

Per esempio, nella guerra tra Iran e Iraq, tra l'80 e l'88, il numero di vittime fu molto maggiore di quelle dell'intero conflitto arabo-israeliano. Si parla di centinaia di migliaia di morti, milioni, forse. E nessuno se l'è presa con Saddam! Nessun processo, nessuna indignazione, solo qualche sporadico dibattito. Ancora oggi in Sudan avvengono terribili persecuzioni e massacri e c'è la schiavitù, ma la sinistra *liberal* in Europa e altrove è totalmente indifferente.

E in America?

In America ci si interessa un po' di più, ma non molto. Perché in generale, nel mondo, i difensori dei diritti umani, i progressisti, i tolleranti, si mobilitano quasi solo quando sono coinvolti gli ebrei? Credo che questa domanda meriti una risposta: questo non significa che l'opinione pubblica sbagli del tutto quando parla del conflitto con i palestinesi, c'è senz'altro molto da rimproverare a Israele. È perfettamente legittimo criticare una politica, un'ideologia o un governo senza che questo significhi razzismo, pregiudizio o qualunque altra cosa del genere. Ma, come ho già detto, in questo caso come in qualsiasi altro, il metodo comparativo è l'approccio più scientifico. Chi elimina l'approccio comparativo di fatto assume un atteggiamento molto antiarabo: è come se considerasse gli arabi subumani, giudicasse la loro cultura inferiore a quella europea, li ritenesse incapaci di governare un Paese in modo civile, li vedesse come animali che si uccidono gli uni con gli altri dando per inteso che finché gli animali si ammazzano fra di loro non fa niente. In questo modo si nega al mondo arabo ogni legittima aspettativa di sviluppo economico, sociale e politico.

Chi è più responsabile per tutto ciò? I giornalisti, gli accademici... In che ordine vedrebbe una scala di responsabilità?

Non è possibile compilare una gerarchia delle responsabilità, credo che abbiano tutti una parte di responsabilità in questa totale indifferenza verso le sofferenze degli arabi a meno che non siano gli ebrei o gli americani a causarle… Guardi cosa sta succedendo da un decennio in Algeria: massacri su massacri, dei governativi ai danni degli estremisti religiosi, degli estremisti religiosi ai danni dei governativi... Il sottointeso dell'indifferenza del mondo è scandalosamente chiaro: «questa gente è animalesca, primitiva, incapace di qualsiasi forma di vita rispettabile e con loro non si può usare lo stesso metro di giudizio dei paesi civili». Secondo me è questo il vero punto di vista razzista, ed è diretto non contro gli ebrei ma contro gli arabi.

Perché il conflitto israelo-palestinese è così lungo, così disperatamente privo di soluzioni?

La questione principale del conflitto israelo-palestinese è: di che cosa si sta parlando? Se il problema è dato dalle dimensioni di Israele, prima o poi si arriverà a un compromesso, anche abbastanza semplice da definire, come per l'Alsazia-Lorena o per lo Schleswig-Holstein… Israele potrebbe – e probabilmente lo farà – ritirarsi dai Territori occupati o da parte di essi. Quando si tratta di confini il problema è risolvibile col negoziato.
Se invece il problema è l'esistenza di Israele, è ovvio che non ci può essere nessun negoziato e nessun compromesso. Nessun Paese intavolerebbe un

negoziato sulla propria esistenza. Il nucleo della questione è cosa vogliono i palestinesi. Vogliono uno Stato palestinese, d'accordo. Ma uno Stato palestinese al posto di Israele oppure uno Stato palestinese accanto a Israele? E se dicono di voler convivere con Israele, sono sinceri o è solo una tattica? C'è un giornalista egiziano, Mohamed Sid Ahmed, l'ho sentito di recente in un'emissione radiofonica, a cui è stato chiesto qual era secondo lui la differenza tra il processo di pace di Arafat e il processo di pace portato a termine da Anwar Sadat. Ha risposto che per Sadat la guerra era una tattica e la pace una strategia. Per Arafat la pace è una tattica e la guerra una strategia. Ed è proprio così. Ovvero: il suo scopo è uno Stato palestinese al posto di quello ebraico.

Quando qualche anno fa l'ho intervistata sugli accordi di Oslo, lei disse che la pace tra palestinesi e israeliani era possibile, anzi lei sembrava – e certo non era solo – crederci con tutto il cuore.

Riguardo a Oslo mi sono sbagliato. Ho sbagliato nel credere che in quel momento Arafat avesse deciso di trovare un compromesso. In altre parole, che avrebbe accettato uno Stato palestinese accanto allo Stato di Israele invece di avere uno Stato palestinese al posto di Israele.

Lei si basava, secondo quello che mi disse, sul fatto che l'Unione Sovietica non c'era più e che Arafat aveva perso uno dei suoi principali sostenitori.

È vero: l'Unione Sovietica era finita, non c'era più denaro né sostegno politico, e Arafat aveva perso anche i contributi dei ricchi Stati arabi che erano i suoi principali finanziatori e che avevano preso le distanze perché i palestinesi avevano appoggiato Saddam durante la guerra del Golfo. Così in quel periodo Arafat si trovò isolato, impoverito, senza amici, impotente. In quel momento vidi nella posizione di Arafat – e fu ciò che capitò anche agli israeliani – un'autentica opportunità per la pace. Sfortunatamente abbiamo avuto tutti torto perché Arafat vide negli accordi di Oslo, nelle armi e nel sostegno economico che gli forniva, solo un'ancora di salvezza, un'opportunità per riprendere la lotta.

Non crede anche che Arafat tornò poco più avanti a sentirsi come il vecchio Arafat guerrigliero, di fronte al fiorire del nuovo terrorismo, alla rivoluzione islamica?

Non solo. Certo è stato incoraggiato da quello che stava accadendo nella regione e sicuramente anche dall'atteggiamento dei media occidentali, in particolare della stampa europea che lo spinse a pensare che la vecchia maniera era ancora la migliore. Ma è stato senz'altro spinto allo scontro dalle divisioni interne di Israele. Per chi vive sotto una dittatura e anche per il dittatore stesso è difficile comprendere i processi politici di una democrazia. Quella che noi consideriamo libertà di parola in una società democratica, per le autocrazie è divisione e debolezza; e questo senza dubbio le incoraggia a prendere le posizioni più estreme. Pensano di farla franca vedendo l'avversario diviso. Quando sono stato in Giordania l'anno scorso, mi sono sentito ripetere spesso che gli Hezbollah avevano indicato la strada, che quando Israele aveva evacuato il Sud del Libano aveva deciso di ritirarsi per debolezza, perché non ne poteva più dei morti e dei movimenti contro la guerra. Mi ricordo con precisione una conversazione in cui un interlocutore arabo mi disse: «Ci siamo sbarazzati dei crociati, dei turchi, degli inglesi. Ci sbarazzeremo anche degli ebrei una volta o l'altra». Gli dissi: «Scusi, ma non è andata proprio così». Mi rispose che non capiva cosa volessi dire. E io gli spiegai che furono i turchi a liberarli dai crociati, che furono gli inglesi a cacciare i turchi e gli ebrei scacciarono poi gli inglesi. Chi sarebbe venuto adesso? E ritengo che sia una domanda seria, non uno scherzo.

Se si pensa agli aiuti che l'ex Unione Sovietica ha dato all'Iraq per costruire l'arma nucleare, se si riflette sull'influenza che possono avere sul Medio Oriente la Cina e le armi della Corea del Nord... Il mondo arabo sembra talvolta in balia di spinte esterne malefiche.

La Corea del Nord è pericolosa, ma per ora non è importante in Medio Oriente. Credo veramente, comunque, che se il Medio Oriente continua così, vale a dire non cerca la pace e continua nella guerra, prima o poi sopraggiungerà una potenza esterna che assumerà il controllo della regione. Potrebbe essere l'India, la Cina, una Russia risorta, tutto è possibile. Non saranno né l'Europa, né l'America perché l'Europa non può e l'America non vuole.

Torniamo ad Arafat: i profughi palestinesi sono il cuore del problema, e sempre secondo Arafat rifiutarne il ritorno ha causato il rifiuto di Camp David e l'Intifada.

Cerchiamo di inquadrare anche questa domanda nel suo contesto storico. La divisione della Palestina avvenne nel 1948. L'anno precedente, il 1947, un'altra colonia britannica, l'India, fu divisa. Anche in quel caso, la creazione di un nuovo Stato, il Pakistan, ha comportato guerre, scontri sanguinosi e milioni di profughi. La divisione dell'India avvenne nel dopoguerra, un periodo segnato da drastici cambiamenti di confini. La Polonia spostò il confine verso occidente, la Polonia orientale venne annessa all'Unione Sovietica e la parte orientale della Germania fu annessa alla Polonia. Così milioni di polacchi fuggirono dall'Unione Sovietica, milioni di tedeschi fuggirono o furono condotti

dalla Polonia in Germania, e anche milioni di cecoslovacchi si spostarono.
Ci furono decine di milioni di profughi in Europa, e vennero reinsediati: i polacchi accettarono i polacchi, i tedeschi accettarono i tedeschi. Nel '47, con la divisione dell'India, ci furono milioni e milioni di profughi: i musulmani furono condotti dall'India al Pakistan, gli indù dal Pakistan all'India. Vennero tutti reinsediati.
Ora, come mai i rifugiati palestinesi, che erano comparativamente molto meno numerosi rispetto a quei milioni di profughi – circa 250.000 secondo le stime delle Nazioni Unite – non furono mai reinsediati nel mondo arabo dal 1948? Tutti i tedeschi, polacchi, indiani, pachistani vennero reinsediati, i palestinesi no. Ci deve essere una spiegazione. Una evidente è che qui sono coinvolte le Nazioni Unite. Le Nazioni Unite non c'entrano nulla con la divisione dell'India, né con il reinsediamento dei profughi d'Europa. Nessuno ha cercato di facilitare questo processo storico, ed esso si è tuttavia compiuto.
Ma c'è anche un'altra spiegazione. Degli arabi che hanno lasciato Israele, quelli che sono andati in Giordania o in territori retti dalla Giordania poi diventarono giordani. La Giordania concesse la cittadinanza a tutti i profughi palestinesi. Invece, i profughi palestinesi che andarono in Libano, Siria, Egitto, Iraq furono considerati esiliati apolidi e co-

me tali vennero tenuti nei campi, senza diritti: non erano uguali agli altri, non potevano lavorare. È un paradosso. I rifugiati palestinesi che andarono in Inghilterra, Francia, Stati Uniti nel '48, una volta là poterono naturalizzarsi e i loro figli ottennero la nuova cittadinanza dalla nascita. I rifugiati palestinesi che andarono in Libano, Siria o Egitto rimasero esiliati apolidi. Ora siamo alla quarta generazione di palestinesi apolidi nati in Stati arabi. La ragione è molto chiara. È stato più volte ripetuto che questa era un'arma che doveva essere preservata.

È scritto in qualche documento?

Esistono delle testimonianze, alcune conversazioni. Per esempio, a un certo punto i siriani vollero avviare una politica agraria nel nord del Paese e chiesero aiuto alle organizzazioni mondiali del settore. I rappresentanti delle organizzazioni mondiali suggerirono di utilizzare i profughi palestinesi che erano esperti coltivatori e i siriani risposero che i palestinesi dovevano rimanere nei campi. Il governo iracheno, a sua volta, fece una dichiarazione a un certo punto, invitando gli arabi ad andare a lavorare in Iraq offrendo la cittadinanza irachena: a tutti, eccetto che ai palestinesi.

Questo quando avvenne?

Negli anni '60. È piuttosto chiaro che la questione dei profughi non venne deliberatamente affrontata e risolta per preservare un'arma da usare in futuro – grazie anche alle Nazioni Unite, che provvedono al loro sostentamento e alla loro istruzione – nella totale noncuranza dell'interesse di quella povera gente. Un trattamento disumano.

Mi pare di capire che la questione dei profughi e tutti i problemi a essa connessi vadano nella direzione di stabilire l'impossibilità della pace tra le due parti. In definitiva, sarà mai possibile la pace tra israeliani e palestinesi?

La pace tra israeliani e palestinesi è possibile, ma solo a determinate condizioni, la più importante delle quali è che i palestinesi o i loro leader responsabili accettino l'esistenza e la legittimità dello Stato di Israele. E abbandonino la propaganda contro Israele, secondo cui Israele deve essere distrutto. Se si guardano i libri di scuola, le carte geografiche, la televisione, questo sottinteso è molto chiaro... Fino a quando l'obiettivo dichiarato o sottinteso è distruggere Israele è ovvio che non ci può essere alcun compromesso e nemmeno la pace. Il problema è questo: uno Stato palestinese è un obiettivo legittimo. Ma al posto di Israele o accanto a Israele? Se si tratta del secondo caso, un compromesso si può raggiungere ed è quasi fatto, esistono molte proposte interessanti. Ma mi sembra che la lezione di

Camp David ci insegni qualcos'altro, ovvero che la leadership palestinese, e in particolare Arafat, non ha voluto la pace. Infatti, che cosa è successo? Quando ce ne è stata la possibilità il negoziato si è interrotto. Prendiamo la famosa offerta di Barak. È stata descritta come l'offerta più generosa mai fatta dai governi israeliani. Alcuni sostengono che contiene alcune restrizioni, che avrebbe potuto essere ancora più generosa. Ma in realtà non è questo il punto. Anche se fosse stata un'offerta più larga, Arafat aveva il diritto di rifiutarla perché nei negoziati è una cosa naturale, anche di fronte a una buona offerta, pretendere qualcosa di meglio: è un metodo ragionevole nella trattativa politica. In questo caso, si fa una controproposta e si discute, ma non è quello che hanno fatto i palestinesi. Vorrei in sostanza puntualizzare che quando l'offerta non è soddisfacente, si cerca di ottenere qualcosa di meglio, non si interrompe il negoziato; invece Arafat non ha presentato nessuna controproposta. La scusa della passeggiata di Sharon sulla Spianata delle Moschee non dà nessuna spiegazione dell'Intifada apertasi in quei giorni. L'attacco armato era già pronto: alcuni leader palestinesi l'hanno persino dichiarato. Per concludere, la ragione per cui Arafat ha voluto l'Intifada è che esisteva un reale pericolo di pace. Consideriamo la sua posizione: fino a quando c'è una situazione di conflitto è una figura mondiale. Il terrorismo gli ha portato gloria e fortuna e chiedergli di abbandonare il terrorismo è come chiedere a Tiger Woods di abbandonare il golf. Lei conosce Tiger Woods, vero? Il terrorismo ha reso famoso Arafat, ne ha fatto un leader di prima grandezza, come si poteva pretendere che lo abbandonasse, che si decidesse a divenire il rais di uno staterello al centro dell'attenzione del mondo intero? È assurdo. Così ha intrapreso la guerra col suo metodo, contando sull'aiuto internazionale.

Arafat ha pensato anche che il nemico fosse debole, ha pensato di vincere con l'uso del terrorismo proprio come pensa l'estremismo islamico che immagina che l'Occidente sia debole. Se è così, ecco allora che arriviamo a un punto problematico: non dobbiamo essere deboli, cedere non porta alla pace. È così?

Torniamo ad Arafat. La guerra per un lungo periodo non gli ha tolto il sostegno internazionale in cui forse sperava per una svolta, gli ha procurato l'ammirazione dei suoi sostenitori e anche il loro appoggio economico. Se c'è la pace, diventa un dittatore insignificante e non ha scuse per giustificare la povertà e la corruzione che amministra. Se lei fosse Arafat, che cosa sceglierebbe? E con la pace si deve confrontare con la sua gente, con tutto il mondo arabo, con un certo Mubarak, un certo Bashar, per ora obbligati a sostenerlo. La pace sarebbe terribile per lui.

Allora vuole la guerra, anche se finge di volere la pace.

Vuole la guerra, ma uno stato di guerra limitato: forse pensava di contenere nei suoi termini i risultati dell'Intifada. Ciò che è terribilmente importante, in questo come in ogni conflitto, è la percezione: come gli altri ci vedono e come noi li vediamo. Ho descritto alcuni dei fraintendimenti nel nostro modo di percepire gli arabi. Ma i loro fraintendimenti nei nostri riguardi sono ancora più profondi. Noi almeno abbiamo una società libera, la possibilità di confrontare punti di vista diversi. Loro hanno una società chiusa e, come ho detto prima, le persone che vivono in una dittatura, compreso il dittatore, sono incapaci di capire i processi politici di una società libera. Per loro il confronto tra le parti è divisione, sintomo di debolezza e, naturalmente, pensare che il nemico è debole li incoraggia ad attaccare. Bin Laden, Saddam, tutti ci hanno visti deboli, divisi, irresoluti, privi di coraggio e Bin Laden ci ha definito proprio così: morbidi e viziati.

Kit Kat boys, *ragazzi di cioccolata. È l'espressione usata dal mio amico palestinese Nadem per descrivere la mollezza dei giovani israeliani o dei palestinesi israelianizzati. Quando Bin Laden ha detto che siamo morbidi?*

Molte volte, in particolare ricordo un'intervista con John Miller alla Nbc.

È preoccupato per l'esistenza dello Stato di Israele? Pensa che tra dieci, venti, cinquant'anni Israele esisterà ancora o ha dei dubbi al riguardo?

Sì, ho delle preoccupazioni riguardo all'esistenza dello Stato di Israele, e anche in relazione agli ebrei, non solo all'antagonismo degli arabi. Mi preoccupa la lotta interna che continua, la violenza della controversia su come trovare un accordo con i palestinesi, l'apparente incapacità delle persone di opinioni diverse di vivere fianco a fianco e discutere civilmente.

Questo però non può cancellare lo Stato di Israele. Ciò che può eliminarlo è un attacco armato...

Però questo può indebolire lo Stato di Israele. Io sono preoccupato per la situazione della democrazia israeliana. L'essenza della democrazia è rappresentatività. La democrazia israeliana non ha una vera rappresentatività. Qualsiasi inglese o americano può dire: il tal dei tali è il mio rappresentante, l'ho eletto io. Se non sono soddisfatto di quello che fa, la prossima volta non lo voterò. Gli israeliani non possono. Hanno un sistema elettorale per cui i candidati in lista non sono scelti dagli elettori, ma dalle segreterie di partito. I votanti decidono solo quanti seggi avrà ogni partito.

È un metodo un po' sovietico. Non è l'unica cosa che Israele ha ereditato dal «socialismo reale».

È una dittatura di partito all'interno di ogni partito. Sono i capi del partito che decidono chi farà parte della lista e, cosa molto importante, in quale posizione della lista verranno presentati al voto degli elettori. Questa è la causa di tutti questi scandali per corruzione.

Tuttavia i politici israeliani hanno un osservatore molto severo che è l'opinione pubblica; i media attaccano tutti senza riguardo, dal primo ministro all'ultimo dei candidati. Questa è una garanzia?

Non del tutto, perché i media sono molto faziosi. È così dappertutto.

Comunque, anche se sono di parte, dopo tutto proteggono la democrazia. Personalmente, non penso che la democrazia israeliana sia in pericolo: piuttosto, vedo il pericolo per Israele nell'essere un avamposto dell'Occidente in una parte del mondo che gli è molto ostile.

Ha ragione, ma bisogna anche distinguere chi è antiamericano perché odia Israele da chi è antisraeliano perché odia l'America.

Qual è lo schieramento più numeroso?

In Europa ovviamente il secondo gruppo.

Torniamo al conflitto israelo-palestinese, e a uno scenario per il futuro.

C'è un concetto che vorrei sottolineare perché penso che sia importante: si ricorda il famoso detto «Quelli che non studiano la storia sono destinati a ripetere gli errori del passato»? Ciò che è veramente pericoloso per il presente è la falsa memoria. Molto spesso le ideologie e i programmi politici sono basati su una storia falsa, o equivocata, o mal interpretata. Vorrei darle un esempio di questo: la storia degli accordi di Oslo. Il presidente Clinton e i suoi consiglieri, sbagliando, ricostruirono il processo di pace tra Begin e Sadat in questi termini: c'erano due leader, Menahem Begin, un moderato, per gli israeliani, e Anwar Sadat, il presidente dell'Egitto, che aveva appena combattuto la guerra contro Israele. Si sono incontrati, sono venuti insieme a Camp David, in America, e grazie alla saggezza e all'aiuto del presidente Billy Carter sono riusciti a stipulare le pace. Questa non è storia, ma mitologia. La vera storia è quella di un lungo e segreto negoziato bilaterale tra Egitto e Israele. Vennero aiutati dal re del Marocco e dal romeno Ceausescu, che non fecero da mediatori, ma semplicemente agevolarono i loro incontri. Non è la stessa cosa. Non solo: gli interlocutori erano diversi e Arafat è molto diverso come ruolo e temperamento da Sadat.

Magari un Nobel per la pace allora avrebbe potuto essere assegnato persino a Ceausescu, secondo questa ricostruzione.

Gli incontri tenutisi in Marocco e Romania erano negoziati bilaterali assolutamente segreti ed esclusivi tra Egitto e Israele. Quando Sadat ha pronunciato il suo famoso discorso al Cairo, dicendo: «Voglio andare a Gerusalemme», non era un azzardo; si erano già accordati su tutti i punti principali, conosceva già i termini dell'accordo... Perché per renderli pubblici si è scelto un incontro in America? Perché qualcuno doveva pagare il conto, fare da mallevadore e da cassa di risonanza, e fu scelta l'America per questo ruolo, ecco tutto. L'intervento del presidente Carter e del suo staff non ha creato la pace, la pace era già stata decisa, era solo questione di renderla pubblica e in ciò l'America ha aiutato gli interlocutori reali con tutto il *suo* prestigio. Al presidente Carter fu assegnato un ruolo del tutto mitico come creatore della pace: questo poi ha portato Bill Clinton a credere di poter fare altrettanto.

La falsa lettura della storia è molto diffusa anche oggi, specie dopo il Nobel a Carter. La falsa immagine di un Sadat che, insieme a Begin, getta il cuore oltre l'ostacolo mentre il buon mallevadore fa tutto il resto, ne è l'archetipo.

Un archetipo tutto falso: è proprio quello che non è successo. La pace tra Begin e Sadat fu possibile perché, come ho detto, c'era stato tra loro un lungo negoziato segreto, senza pubblicità e senza mediatori. Si incontrarono faccia a faccia, confrontarono i loro problemi e trovarono un compromesso. Ma fu molto più facile in quel caso perché tra Egitto e Israele non c'erano praticamente conflitti, se non quello relativo allo sgombero del Sinai. Israele non reclamava nulla oltre alla pace dall'Egitto, né l'Egitto oltre al Sinai da Israele. La questione dei palestinesi era una questione a parte.

Israele non era interessato ad ampliare i suoi confini, e non ha mai intrapreso guerre di conquista. Ma l'archetipo lo disegna avido di terra, deciso a tenersi i Territori occupati. C'è qualcosa di vero in questo?

Già nel '67, subito dopo la Guerra dei Sei Giorni, ricordo che il governo israeliano del tempo dichiarò che Israele era disposto a restituire quasi tutto. Ma la risposta degli arabi fu l'incontro di Khartum: niente riconoscimento, niente negoziati, niente pace. I famosi tre no. In quel momento Israele era disposto a restituire tutto, eccetto Gerusalemme. Anche oggi, io penso che gli israeliani siano disposti a separarsi dai Territori occupati, a determinate condizioni di cui la maggiore è la sicurezza. I Territori sono una scusa, non il cuore del problema.

Eppure, c'è chi seguita a sostenere che tutto il male del Medio Oriente nasca dalla questione palestinese.

Sì, c'è chi ha sostenuto che bisognava sistemare la questione palestinese prima di fare qualsiasi cosa contro l'Iraq. Questo è diventato un chiaro messaggio per Saddam Hussein: «Assicurati che non si risolva la questione palestinese». E lui ce l'ha messa tutta: e l'ha fatto con molto successo. Ha aumentato il premio alle famiglie dei terroristi suicidi da 10.000 a 25.000 dollari. Questo è il suo contributo al processo di pace. L'uscita di scena dell'Iraq può aiutare ad arrivare a un compromesso tra le parti; ma per un fondamentalista nemico del processo di pace, il problema non è la politica di Israele o la sua estensione territoriale, ma va alle radici, all'esistenza stessa di Israele. Finché da parte dei palestinesi non c'è una volontà di accettare l'esistenza dello Stato ebraico, ovviamente non ci sarà la pace, e nemmeno la possibilità di negoziarla; gli estremisti rifiuterebbero qualsiasi accordo che si basi sull'abbandono degli insediamenti. Nella loro ottica anche Tel Aviv è un insediamento. Ma se ci fosse un accordo di base che riconosca l'esistenza e la legittimità dello Stato di

Israele, allora tutto diventerebbe negoziabile. Senza questo, nulla è negoziabile. Non è poi così difficile descrivere a grandi linee l'accordo di pace. È ovvio che parte degli insediamenti devono essere ceduti. Mantenere l'occupazione a Gaza e a Nablus non ha senso. Altri insediamenti possono essere annessi a Israele con un aggiustamento minimo della linea di confine, che si potrebbe compensare con un cambiamento della frontiera a favore dei palestinesi in un altro punto. Non dovrebbe essere troppo difficile.

E Gerusalemme?

La questione di Gerusalemme è più delicata, ma credo che si possa trovare anche qui una soluzione. E si deve arrivare alla creazione di uno Stato palestinese. Se il rapporto tra le due parti è sincero, non c'è problema. Se invece il compromesso da parte palestinese è visto come un accordo *ad interim* sulla strada della totale distruzione dello Stato ebraico, non porterà la pace. Non è facile rinunciare all'impostazione attuale... le racconto un aneddoto che mi fu riportato su Arafat alle Nazioni Unite, dove fece il famoso primo discorso all'Assemblea generale, nel '74.
Mentre si recava a New York, Arafat fece tappa a Tunisi, dove fu ricevuto da Burghiba, che gli suggerì: «Perché non dice all'Assemblea generale delle Nazioni Unite che accetta la risoluzione del 1947?

Facendo così, il suo Stato palestinese è assicurato perché nessuno, né gli americani, né gli israeliani, e tantomeno le Nazioni Unite potrebbero rifiutare. Metterebbe la sua legittimità sulla stessa base di quella di Israele». Arafat gli rispose che non poteva fare così, non poteva rinunciare a nessuna parte della terra di Palestina, e Burghiba disse: «Perché no? Sarebbe una soluzione temporanea, la terra resta dov'è, non scappa via. Tra venticinque, trent'anni solleverà di nuovo la questione». Arafat disse che non poteva ammettere compromessi. È anche la sua posizione attuale. Non ha mai cambiato idea. Penso che Burghiba gli avesse dato un buon consiglio, ma non l'ha accettato. Del resto, la questione dei profughi, posta come condizione *sine qua non* a Camp David, è molto ovvia: il loro ritorno è fuori discussione, significherebbe la distruzione di Israele e non credo ci sia nessun governo israeliano sensato disposto ad accettarlo. I palestinesi hanno lo stesso diritto a tornare che hanno gli indiani, i pachistani, o i polacchi e i tedeschi. È una tragedia di quel tempo, che è avvenuta in molti luoghi diversi e in una situazione di guerra: alcuni scapparono, altri furono deportati. Nel periodo immediatamente successivo, o sono tornati o sono stati insediati altrove.

Qui ritorniamo al problema dei due pesi e due misure. A nessuno Stato fuorché a Israele si richiede di far entrare milioni di persone proprio mentre si pensa di costruire nella stessa zona il loro Stato. La storia di Sabra e Chatila costituisce l'esempio principe. Sharon fu duramente accusato di essere responsabile dell'assassinio di centinaia di persone, mentre Elie Hobeika, il comandante dei falangisti cristiani, cioè l'esecutore materiale di quella strage, non è mai stato messo formalmente sotto accusa.

Questa è una questione di razzismo non antiebraico, ma antiarabo. I profughi non sono mai stati considerati esseri umani, ma sono stati sempre trattati come se fossero cani. È accaduto qualcosa di simile nei Balcani, col massacro di Srebrenica. Mi ricordo che anche lì ci fu un terribile massacro, gli olandesi avrebbero potuto impedirlo, ma nessuno ha incriminato gli olandesi al tribunale di Bruxelles.

CAPITOLO QUARTO

Una democrazia per l'Islam

A proposito di Saddam Hussein, lei sostiene che l'Iraq suscita due preoccupazioni: la prima è che la democrazia non si possa instaurare in questo Paese. La seconda è che possa instaurarsi, ovvero, se la democrazia venisse instaurata in Iraq, in seguito alla deposizione di Saddam, ciò risulterebbe molto preoccupante per tanti Stati nell'area. Vuole spiegare meglio questo concetto?

Cominciamo con la parola «democrazia». Essa è usata con molti significati diversi. Abbiamo sentito parlare di democrazia organica, democrazia di base, democrazia popolare. La democrazia è stata millantata dal generale Franco, dai colonnelli greci, dai generali pachistani, dai paesi satelliti dei sovietici: tutti giocano con la parola «democrazia». Penso che nel definirla non dobbiamo né allargare né restringere troppo il campo. Molti, soprattutto in America, pensano che «democrazia» voglia dire gestire la cosa pubblica secondo la volontà popolare. Ma ci sono anche altri modi d'intenderla. La democrazia non è la condizione normale dell'umanità. Anche in Europa, a parte la Gran Bretagna, la Scandinavia, la Svizzera e l'Olanda, la democrazia ha una storia breve e irta di difficoltà. Non bisogna essere troppo magnanimi nel giudicare la nostra democrazia. Il curriculum europeo non è così perfetto. Quello della democrazia americana è molto più lineare. E tuttavia anche la democrazia americana per molti anni ha ammesso la schiavitù, e per molto tempo le donne non hanno goduto degli stessi diritti degli uomini. Oggi questo è inaccettabile.

Anche la più solida democrazia europea, quella inglese, ha avuto problemi a concedere il voto alle donne, a riconoscere i diritti dei lavoratori...

Certo. Quello che voglio appunto sottolineare è che la democrazia non è qualcosa che si può importare già bell'e pronta, o che si può costruire con un kit fai-da-te. È qualcosa che si deve sviluppare in modo organico e graduale nel tempo. Sono fermamente convinto che ciò sia possibile nel mondo arabo per molteplici ragioni. Le tradizioni politiche dell'Islam non sono democratiche come siamo abituati ad averle in Occidente, ma contengono alcuni elementi che, se sviluppati, penso possano condurre alla crescita organica di una democrazia. Uno di questi è la concezione islamica tradizionale di governo. Il governo tradizionale islamico è limitato e responsabile. La dittatura non fa parte della tradizione islamica araba. Il partito Baath che governa in Siria e in Iraq, il partito di Mubarak e altri partiti al potere affondano le loro radici a Roma, Berlino e Mosca, si sono abbeverati alle tradizioni naziste, fasciste e comuniste, che non sono molto diverse fra di loro, ma che, tutte, sono lontane dai princìpi del governo islamico classico. Alla radice di tutte c'è l'idea della dittatura di un partito.

Lo Stato tradizionale islamico conferiva al rais poteri molto più limitati di quelli di un dittatore occidentale. C'è una lettera molto interessante dell'ambasciatore francese, conte de Choisel-Gouffi, a Istanbul nel 1786, tre anni prima della rivoluzione francese. Scrive, a chi gli chiede come mai le cose vadano laggiù così a rilento, che a Istanbul non è come in Francia, dove il re decide tutto lui. Lì il sultano deve consultare gli alti ufficiali e persino gli alti ufficiali in pensione.

Vuol dire che il sultano era un monarca quasi democratico? Non lo avrei mai detto.

Non democratico, consultivo. Non era dispotismo, non era dittatura, era governo autocratico, ma un governo autocratico limitato. La terribile tragedia del mondo islamico è che il processo di modernizzazione, che è stato anche un processo di occidentalizzazione, ha peggiorato le cose anziché migliorarle. La modernizzazione ha portato con sé due cambiamenti insospettati: uno è l'enorme rafforzamento del potere del sovrano. I metodi moderni, la comunicazione moderna, le armi moderne e anche l'educazione moderna danno a chi governa un potere infinitamente maggiore di quello che poteva avere in passato. Saddam Hussein o anche il rais di una comunità più piccola come Arafat, ha un potere molto più grande di quello che ha avuto Harun al-Rashid, o Solimano il Magnifico, o Maometto II il Conquistatore. Avevano a disposizione armi molto meno efficaci.

Il secondo cambiamento che la modernizzazione ha portato, in un certo senso è anche peggiore: nell'ordine tradizionale della società islamica c'erano limitazioni importanti al potere di chi governava. La borghesia, i poteri urbani, la nobiltà terriera, l'apparato militare, l'apparato religioso, tutte queste forze avevano un effetto limitante, restrittivo sul potere del sovrano. Quando si voleva prendere qualche decisione si doveva esporla alla pubblica opinione, non nel senso moderno di opinione pubblica, ma alla pubblica opinione di quelli che

contano, dei notabili, espressione della società reale, non della gerarchia politica, gli *ayan*.
Il processo di modernizzazione ha indebolito o distrutto tutte quelle forze che limitavano il dispotismo. Così il governante è più autocratico e molto più potente perché sono venute a mancare le forze che limitavano il suo potere. Ma alla radice di questa società ci sono tradizioni che non appaiono incompatibili con la democrazia parlamentare in stile angloamericano di un governo limitato, responsabile e civile. Penso che queste tradizioni possano essere recuperate e sviluppate. Ma bisogna agire con cautela: il problema è che la democrazia è una medicina potente, da somministrarsi in piccole dosi da aumentare gradualmente. Se se ne somministra troppa e troppo in fretta, si uccide il paziente.

Comunque lei pensa, mi sembra, che ci sia speranza per la democrazia nel mondo arabo, in Iraq, in Palestina.

Sì, perché nell'antica tradizione dell'Islam vi sono i semi non di un governo democratico, ma di un governo legale, consensuale, contrattuale. Così vorrebbe la tradizione islamica: contrattuale e consensuale. Questo ci consente di nutrire delle speranze per il futuro. Penso che alcuni leader siano in grado di guidare i loro Paesi a imboccare la strada della democrazia. Ho fiducia per esempio nell'opposizione irachena.

L'Iraq ha le carte in regola per avviare un processo democratico?

Sul futuro dell'Iraq certo può pesare il frazionamento del suo popolo in etnie e gruppi religiosi. Gli arabi sono il gruppo più numeroso, i curdi vengono al secondo posto, e fra gli altri gruppi minori i turcomanni sono certo i più importanti. Poi, esistono le differenze tra sunniti e sciiti... e si deve ammettere che la nascita di uno Stato curdo al nord avrebbe un effetto distruttivo sui Paesi vicini, solleverebbe l'apprensione della Turchia. Ma da anni l'opposizione irachena, formata da tutti i gruppi antigovernativi, è impegnata in uno sforzo politico di unificazione, che mi fa ben sperare. Avranno bisogno di aiuto per iniziare, ma, per esempio, in Afghanistan i nuovi governanti si stanno muovendo bene, se si considerano le enormi difficoltà. L'Afghanistan è un Paese difficile dal punto di vista geografico, è povero, subiva il devastante regime dei talebani. Tuttavia sono arrivati alla ricostruzione e la presenza americana è minima.

Mentre l'Iraq è un Paese ricco.

L'Iraq dal punto di vista strutturale ha problemi molto minori: è un Paese ricco, ha una classe media istruita, ha una tradizione nel campo dei diritti delle donne, più degli altri Paesi arabi, tranne forse la Tunisia. Ma credo che sarebbe molto pericoloso indire delle elezioni molto presto. Tenere le elezioni prima che la gente sia pronta può favorire l'ascesa di un dittatore. Pensi alle elezioni che hanno portato Hitler al potere. Hitler non conquistò il potere con un colpo di stato come Mussolini. Fu eletto con elezioni libere e legali.

Pensa che dietro l'angolo ci sia un dittatore?

Temo che possa accadere qualcosa di simile. È quasi accaduto in Algeria.

Non sembra che Ahmad Chalabi, il capo sciita dell'opposizione irachena se fosse eletto diventerebbe un Führer.

Lui non lo farebbe. Se ci fossero elezioni libere potrebbe forse, però, trovarsi contro gli islamisti duri. Ma guardiamo il problema più in generale. Le domande riguardano, oggi, oltre il benessere e la libertà del popolo iracheno, anche il futuro del Medio Oriente, della pace. Un Iraq post-Saddam avrà molta influenza su entrambe le questioni: e dunque, mi chiedo, sarà filoccidentale, simpatetico e amichevole verso gli Usa? Dico amichevole, perché dovesse diventare un sottoposto, sarebbe una rovina.
La seconda domanda è: ci sarà la pace con Israele? La lotta contro Israele, l'odio proclamato di continuo da Saddam, non sarà certo la prima bandiera

dei nuovi governanti che cercheranno stabilità e libertà. Ma la libertà può anche portare a un governo democratico che, rispondendo ai desideri del popolo, potrebbe farsi interprete della solita ostilità, invece che cercare la pace.

Ma io non credo che andrà così: si dice che le democrazie non iniziano mai le guerre, anche se in genere le concludono. Ed è vero per una ragione molto semplice: i governi democratici devono rispondere al loro elettorato, e possono essere cambiati dalle urne, e la maggior parte degli elettorati non ama la guerra, né i governi che ne sono responsabili.

· 134 · *E perché i popoli mostrano così calorosamente di approvare l'odio dei loro dittatori contro Israele?*

Perché per le dittature quello di istigare i loro popoli alla guerra è uno sforzo primario, indispensabile alla loro sopravvivenza. I dittatori hanno bisogno di un nemico esterno contro cui riversare la rabbia, il risentimento, la sofferenza che causano alla gente i loro regimi. Abbiamo visto molte volte, di questi tempi, a quali misure disperate può giungere un dittatore per evitare la pace. Quanta pena è stata inflitta ai palestinesi dalla scelta di rifiutare ogni accordo, quanto sangue costa l'esaltazione dello *shahid*. Dunque, io penso che forme di governo più democratiche in parte della regione inclineranno alla ricerca di soluzioni pacifiche dei problemi, e del problema palestinese tra questi. Penso anche che l'esempio della democratizzazione potrebbe aiutare le opposizioni già attive, come quella iraniana.

L'Iran sembra ancora molto pervaso dalla forza del suo regime.

No, in realtà penso che gli iraniani siano pronti a un grande cambiamento.

Cosa aspettano allora, se sono pronti? Perché non iniziano una loro rivoluzione?

Lo faranno presto. Già se ne vedono i segni, ma non è facile. Gli ayatollah hanno organizzato un sistema micidiale di repressione e controllo. Come lei ha ricordato poco fa, tornando al conflitto con l'Iraq, l'instaurazione della democrazia in Iraq fa paura sia all'Europa e all'America – che temono non possa funzionare – sia ai Paesi dell'area, come l'Egitto, l'Arabia Saudita, che temono il contrario, cioè che possa funzionare. Un Iraq democratico sarebbe un pericolo terribile per loro.

Non riesco a vedere l'Arabia Saudita che si avvia alla democrazia, né per amore né per forza.

Non nella sua forma attuale, non in tempi brevi.

Per me personalmente, che lavoro come giornalista in Israele, è difficile immaginare una democrazia nei Paesi circostanti: anche adesso molti di questi Paesi si autodefiniscono democratici, esprimono la loro libertà in elezioni che non sono autentiche elezioni e in una stampa libera che è libera di dire solo le cose più estremiste, antisemite, filoterroristiche, quelle che la dittatura non può esprimere ufficialmente. Non vedo chi possa realizzare la democrazia. Non ci sono élite pronte per questo compito, ci sono élite dedite all'incitamento ideologico.

Anche la democrazia occidentale, tuttavia, ha funzionato in luoghi assai poco promettenti. Dopo il 1945 nuove democrazie sono state create nei Paesi di Hitler, di Mussolini, del Mikado. E funzionano!

Ma prima questi Paesi sono stati battuti duramente dagli Alleati, hanno subìto brucianti sconfitte.

Certo, questo è un fattore importante, ma comunque significa che è possibile cambiare. Un esempio migliore è l'India, un Paese asiatico, con difficoltà e problemi immensi; l'India è un Paese difficilissimo da gestire, c'è una varietà di etnie enorme. Gli inglesi hanno instaurato un potere più o meno democratico nel 1947 andandosene, e più di mezzo secolo dopo l'India è ancora una democrazia.

Sì, ma pensiamo ai turchi: dopo avere compiuto un grande e apprezzabile sforzo seguendo la via indicata da Kemal Atatürk e aver instaurato la democrazia, adesso chi ha vinto le elezioni? Il partito islamico ha vinto le elezioni.

A proposito delle elezioni turche si debbono fare due considerazioni. In primo luogo è stato un voto di protesta. Il governo che ha retto il Paese negli ultimi anni era irrimediabilmente incompetente e corrotto. In larga misura questo non è stato un voto *per*, ma un voto *contro*. Il secondo punto da sottolineare è che il partito islamico rappresenta ancora solo una minoranza della popolazione. Anche se ha ottenuto la maggioranza alla Camera grazie al tipo di sistema elettorale. La Turchia è divisa in molti piccoli partiti, così il partito islamico con, penso, un terzo dei votanti e meno di un quarto degli aventi diritto, ha ottenuto la maggioranza assoluta in Parlamento. Credo che saranno cauti nell'agire. Dicono che non intendono portare avanti una politica integralista, non sembrano divenire ostili nei confronti di Israele. Penso che sia troppo presto per preoccuparsi.

Ma la Turchia ha rifiutato di appoggiare gli Usa in guerra contro Saddam.

La proposta degli americani di ricostruire e rimodernare le basi militari in territorio turco è stata approvata e la richiesta di usarle a scopo offensivo in caso di guerra contro l'Iraq è stata rimessa al voto del Parlamento. La maggioranza del partito islamista ha votato a favore dell'uso delle basi mentre una minoranza dello stesso partito ha votato contro, insieme a tutta quanta l'opposizione. E l'opposizione è il partito secolare, modernizzatore! esso ha adottato l'antiamericanismo europeo di parte francese e tedesca senza nessuna incrinatura. Dunque il voto contro l'uso delle basi è la combinazione di due tipi di antiamericanismo: quello islamico e quello europeo, dei quali il secondo è di gran lunga il più forte.

Più in generale, l'esperienza della Turchia è invece incoraggiante. È vero che è difficile stabilire istituzioni democratiche in Paesi con antiche tradizioni di comando e di obbedienza. Ma l'esperienza della Turchia nell'ultima metà di secolo ha dimostrato due cose: prima di tutto che è difficile creare una democrazia in una società siffatta, e secondo, che però non è impossibile. Io penso che l'esempio della Repubblica turca in un più ampio contesto mediorientale e islamico sia molto incoraggiante.

A me sembra che l'Europa abbia le sue responsabilità nei risultati del voto islamico in Turchia. Cosa ne pensa? L'Europa non ha capito la delicata funzione della Turchia? Crede che i turchi avrebbero dovuto essere accettati nell'Unione Europea?

Non penso che la delusione sia stata determinante nel recente voto. D'altra parte Giscard d'Estaing non ha usato mezzi termini. Ha detto che non si può accettare la Turchia in Europa: è un Paese musulmano e non verrà mai accettata nell'unione occidentale.

Senza dare giustificazioni?

Ha dato delle ragioni, non delle giustificazioni.

Come si concilia questo atteggiamento col fatto che oggi il presidente Chirac è il leader europeo del partito più filoarabo? In molte occasioni i francesi e l'Europa in generale hanno mostrato apertura nei confronti del mondo musulmano.

Sì, ammesso che l'appoggio offerto non impegni direttamente chi lo offre, non lo riguardi direttamente. Credo proprio che l'ingresso della Turchia nell'Unione Europea sia improbabile.

Come quello di Israele. Sa che se ne parla? In Italia c'è un intero partito, il partito radicale, che chiede che Israele sia ammesso nell'Unione Europea. Anche in Israele c'è una certa corrente favorevole, che sostiene tale ipotesi.

Non lo sapevo, ma credo proprio che non accadrà mai.

Perché, secondo lei?

Be', per prima cosa, se Israele facesse parte dell'Unione Europea, l'Europa avrebbe poi frontiere con la Siria, il Libano, l'Egitto... Comunque riparliamone quando questa sarà una prospettiva più concreta.

Pensa che siamo a ridosso di un'autentica rivoluzione nel mondo islamico? O pensa che siamo in procinto di un conflitto con l'Islam?

Potrebbero succedere entrambe le cose. Per come la vedo io c'è realmente la possibilità di sviluppare istituzioni più responsabili, aperte, democratiche: questo tuttavia può avvenire solo con un compromesso tra Israele e Palestina. Finché tutto rimane com'è, non ci sarà nessun cambiamento vero. Ma gli arabi hanno bisogno di Israele, e Israele della pace. Israele può dare un contributo sostanziale allo sviluppo del Medio Oriente.

Questa assomiglia all'idea del «Nuovo Medio Oriente», che purtroppo è fallita. Shimon Peres l'ha proposta contestualmente agli accordi di Oslo, e con l'Intifada è stato un disastro.

L'idea del Nuovo Medio Oriente risale a Lawrence d'Arabia, nel 1920. Se ci fosse la pace, allora sarebbe possibile cooperare. Pace significa unire forze disparate e la cooperazione può portare buoni risultati. Se ci sarà la pace, il futuro del Medio Oriente sarà roseo. Altrimenti i conflitti, di un tipo o di un altro, continueranno fino a quando, come ho già detto, verrà una nuova potenza straniera a istituire il suo dominio.

Vede gli Stati Uniti come il candidato favorito?

No, è più probabile che gli Stati Uniti mandino al diavolo tutti, e si ritirino, stanchi, dal campo. C'è un curioso fraintendimento a proposito di quello che chiamano imperialismo americano. Come dicevo prima molti lamentano che l'America sia imperialista, ma sotto sotto desiderano che lo sia, che domini e comandi. Ma non lo farà.

Si pensa anche che l'America potrebbe portare la pace tra le parti, intendo tra Israele e i palestinesi. Clinton non ha potuto farlo. E oggi?

Comunque, se venisse dall'alto si tratterebbe di una pace imposta, la pace di un imperatore che ha a che fare con dei prìncipi.

È tuttavia gli Stati Uniti, una volta entrati nell'area per intervenire contro l'Iraq, sostengono di poter gettare i semi di una situazione migliore. È così?

Certo, se l'intervento degli Stati Uniti nell'area sarà, come penso, limitato nella portata e nel tempo. Non riesco a vedere gli Stati Uniti entrare in un'operazione su larga scala e a lungo termine. L'Europa è abituata agli imperi. Per quasi tutta la storia moderna abbiamo assistito all'espansione territoriale dell'Europa. Prima Olanda e Portogallo, poi Inghilterra e Francia, e più tardi l'Italia si sono espanse in Asia e in Africa. Oggi si immagina che l'America stia facendo la stessa cosa. Ma non è così: l'America non sta facendo la stessa cosa. L'America ha avuto la sua grande espansione dentro l'America stessa. Ecco perché tredici Stati sono diventati cinquanta. Questa è stata l'espansione americana. L'America si estende da mare a mare, da oceano a oceano, e tanto le basta.

L'America, dunque, non cerca il petrolio in Iraq. Certo non lo cercava nei campi di Normandia, o in Bosnia. Ma lei crede che all'America spetti accendere il fiammifero della democrazia in Medio Oriente?

Sì, a patto che non si immagini che io stia parlando di una sorta di *pax romana.*

Professore, fin dall'inizio della sua carriera, da quanto ho letto nei suoi scritti, la relazione tra l'Islam e la democrazia, tra l'Islam e l'Occidente è il centro principale del suo lavoro.

Recentemente sì, ma non è stato sempre così: solo negli ultimi anni ho scritto diverse cose su questo argomento, e anche il mio prossimo libro ne parlerà. Il prossimo libro che scriverò, intendo, non il prossimo che sto per pubblicare.

Lei ha descritto nei particolari il rapporto tra «loro» e «noi». Come ci vedono, quali abbagli abbiamo preso, come li ammiriamo, li temiamo, ci disprezziamo a vicenda. Vedo in questo un interesse molto personale. Prima ricordava che una volta un esponente della cultura araba le disse, quando un suo libro fu pubblicato dai Fratelli Musulmani…

«O lei è un amico sincero o un nemico onesto, che disprezza la menzogna.»

Per me lei esprime un sia pur critico amore per l'Islam, lo desidera vivace, moderno, lo vorrebbe vedere retto dalla democrazia, mi sbaglio?

È vero, lo vorrei veder godere della democrazia.

Alcuni anni fa, lei pensava che questo processo avrebbe potuto essere spontaneo. Poi è giunto alla conclusione che il seme del miglioramento politico è presente nel vecchio cuore dell'Islam, ma non nell'attuale, o mi sbaglio? Ma oggi, di nuovo, lei è ottimista.

Penso che la democrazia, un certo tipo di democrazia, avrebbe potuto svilupparsi in modo lento e naturale come è accaduto in Inghilterra, ma questo corso è stato interrotto e falsato dalla modernizzazione, che vuol dire occidentalizzazione avvenuta purtroppo con il processo che le ho descritto: il rafforzamento dell'autocrazia, l'indebolimento o la rimozione delle forze che limitavano il potere del sovrano.

Quindi, poi, dopo la speranza, lei si è concentrato sulla furia, sulla rabbia dell'Islam, sui fatti che hanno portato all'avvento dell'islamismo. In lei c'è della delusione?

Io ho fiducia nel futuro. Penso che sia possibile risuscitare il processo positivo che può condurre alla democrazia, ma penso che sarà lento e difficile, che richiederà molto tempo. Ma le basi ci sono, e si può fare.

Con «un piccolo aiuto da parte degli amici», gli Stati Uniti.

Potrebbero dare una mano, ma bisogna fare attenzione perché l'aiuto si può trasformare facilmente in qualcos'altro. E del resto c'è bisogno di aiuto contro le dittature più crudeli e armate, e il primo passo, naturalmente, è che il tiranno venga rimosso.

Quali sono i tiranni che devono assolutamente essere rimossi?

Saddam.

È probabile che dopo Saddam Hussein tutto sarà diverso. Se Saddam viene rimosso e viene instaurato al suo posto un regime civile, il che è possibile, ci saranno molti cambiamenti. Sarà una reazione a catena in Iran, in Siria, perderebbero terreno anche gli Hezbollah e sarà interessante vedere quello che accadrà in Arabia Saudita. La gente pensa che l'Arabia Saudita sia così da migliaia di anni, mentre invece è una creazione moderna. È stata creata nel 1925 mettendo insieme elementi molto diversi. Così nell'Arabia Saudita moderna, che è un regno, abbiamo il *Najd*, il Neged, nel nord-est, roccaforte dei vecchi e potenti membri della casa di Saud e delle dottrine wahhabite; l'est, dove ci sono principalmente sciiti e petrolio; il *Hijaz*, l'Hegiaz, che è la culla dell'Islam. Sono tre regioni molto diverse: la loro religiosità, il potere, la tradizione politica, le esperienze, tutto è diverso. Sono state messe insieme in seguito alla conquista armata e sono tenute insieme dalla forza, e integrate dai matrimoni. Il regno saudita è un castello di carte. Non è difficile immaginare una situazione in cui possa crollare.

Che cosa vede al posto dei sauditi? La zona è un nodo di successioni che interessano anche la Giordania e l'Iraq...

Ci sono molte possibilità, una di queste è che gli ashemiti possano tornare nel *Hijaz*. Gli ashemiti governavano il *Hijaz* già ai tempi del Profeta.

Gli ashemiti possono ambire anche all' Iraq; il principe Hassan, fratello di re Hussein sembra averci fatto un pensiero.

Gli ashemiti hanno tre dinastie: erano re del *Hijaz*, re dell'Iraq e re di Giordania. Rami diversi della stessa famiglia. Hanno un grande prestigio, perché sono i discendenti del Profeta e anche perché hanno avuto tra loro governanti piuttosto capaci, come l'ormai quasi leggendario re Hussein.

Il conflitto tra ebrei e mondo arabo, così aspro, la disturba nella sua identità di studioso cui si richiede l'oggettività?

Sono convinto che il mio dovere, in quanto storico e studioso, sia quello di tentare di affrontare le questioni in maniera giusta e oggettiva. E io ci provo al mio meglio. Naturalmente la totale oggettività non è propria delle capacità umane ma credo che la vera differenza tra lo storico onesto e quello disonesto è che il primo è consapevole dei propri condizionamenti e dei propri pregiudizi, e cerca di correggerli. Mettiamola così: se nel corso di una discussione ci troviamo in disaccordo con il nostro interlocutore su tutti i punti e pensiamo che le nostre idee siano sempre quelle giuste e le sue sempre quelle sbagliate, allora si devono rivedere le proprie posizioni poiché non rientra nella natura degli uomini avere sempre ragione!

Sì, ma quando si vede che la propria posizione è giudicata sbagliata, sempre e comunque...

Questo è antisemitismo: l'odio che si prova verso gli ebrei e che gli ebrei provano verso se stessi. È un fenomeno risaputo. L'antisemitismo è una specie di malattia mentale, una malattia dalla quale gli ebrei non sono esenti. Possono prenderla esattamente come i loro vicini e in loro assume la forma particolare di odio verso di sé.

Ciò avviene quando si nega la propria identità...

Esattamente.

Professore: lei oggi è un inglese che vive negli Stati Uniti...

No, sono un americano adesso. Ho la cittadinanza americana.

È solo americano o è anche inglese?

Per la legge britannica rimango inglese.

Ci sono nella sua vita, dunque, tre elementi di identità permanenti: lei è ebreo, inglese, e ora americano. Come si accordano queste tre identità?

Non ho problemi perché non sono identità in conflitto.

Ma ognuna di queste le dà qualcosa di particolare. Quali caratteristiche hanno influito sulle sue scelte?

Sullo studio del Medio Oriente come scelta di vita ha certamente influito la mia esperienza al servizio di Sua Maestà durante la guerra, prima nell'esercito e poi nei servizi segreti.

Le ha dato una sorta di affezione e una visione molto ravvicinata del mondo arabo. Molti amici, molti viaggi, molte lingue: l'arabo, il turco, il persiano... E l'ebraico?

Per le mie radici ebraiche, ho dovuto imparare l'ebraico per il *bar mitzvah* e ciò mi fu di grande aiuto nell'apprendimento dell'arabo. Il testo biblico che dovevo studiare per il *bar mitzvah* mi è piaciuto, ne volevo sapere di più, così ho imparato meglio l'ebraico e le altre lingue semitiche.

E infine, in America sono stato un immigrato. Essere un immigrato in America è un'esperienza fondamentale, storica, è diverso dall'essere un immigrato in Gran Bretagna. In Inghilterra non ero un immigrato, ma vedevo qual era la percezione comune degli immigrati. Non erano mai del tutto accettati. Eppure in America e in Inghilterra le leggi riguardo alla naturalizzazione sono le stesse. Cinque anni di residenza e se non ci sono ostacoli è quasi automatico ottenere la cittadinanza. In Inghilterra, tuttavia, se un inglese naturalizzato parlando della politica britannica dice «noi», gli altri inglesi storcono il naso. Non dicono niente, per educazione, ma è molto difficile per un inglese naturalizzato poter dire «noi» parlando dell'Inghilterra. Al contrario in America, se gli americani naturalizzati non dicono «noi», gli altri americani si offendono. E in Italia? Se un italiano naturalizzato, un albanese, per esempio, o un immigrato del Nordafrica, dice «noi» cosa succede?

In Italia si finge ideologicamente di sentirsi tutti uguali, i neri, i gialli, i bianchi, i meridionali, i settentrionali... ma in fondo al tuo cuore non ignori che la divisione è molto profonda. Non c'è la speranza del crogiuolo ideale, di un ideale nazionale, ma semmai di una simpatia tutta politica. Gli europei sono così, e storcono il naso di nascosto mentre in pubblico si dimostrano entusiasti del melting pot.

Mi ricordo che uno dei miei insegnanti era uno studioso russo che lasciò la Russia al tempo della rivoluzione e visse per moltissimi anni in Francia. Poi venne in Inghilterra per diventare professore e spiegò che aveva deciso per l'Inghilterra perché in Francia non poteva diventare professore, dato che era russo. In Francia i professori devono essere cittadini francesi. Allora gli chiesi perché non aveva preso la cittadinanza francese e lui disse che mai e poi mai, nel caso, avrebbe potuto dire «*nous autres français*».

Negli Stati Uniti dunque, se non dicesse «noi» si offenderebbero, e con lei in particolare! Perché lei è diventato il protagonista nell'identificare i principali problemi degli Stati Uniti nel rapporto con l'Islam.

Ho avuto la buona o la cattiva sorte di avere ragione mentre gli altri si sbagliavano su alcuni argomenti molto importanti. Ma anch'io mi sono sbagliato, come le ho detto, su Oslo.

Quali sono i punti che se fossero stati capiti avrebbero aiutato il mondo a trovare una strada di pacificazione?

Per me sono tre: il primo, il ritorno all'Islam alla fine degli anni '60 e negli anni '70. Il secondo, la vera natura della rivoluzione iraniana, che ebbi la ventura di comprendere per la semplice ragione che avevo letto il libro di Khomeini. Nero su bianco, bastava non illudersi e sapere quello che c'era da sapere. Il terzo punto è l'autentico significato degli scritti di Osama Bin Laden, che mi limitai a riportare e commentare in «Foreign Affairs». Ci sono stati altri che hanno letto e riportato quello che aveva scritto Bin Laden, ma nessuno volle rendersi conto chc faceva sul serio.

Da allora la sua vita è diventata molto frenetica, specie nella prospettiva dello scontro in Medio Oriente.

Sì, mi tengono molto occupato.

E come spiega che la consultino tanto, dato che come si è visto anche in questo intervista è alto il rischio di sentirsi dire opinioni tanto difficili da ascoltare?

Forse quelli che mi consultano vogliono sperare insieme a me in un futuro migliore per gli arabi, il Medio Oriente, l'Islam.

INDICE

Finito di stampare
nel mese di marzo 2003 presso il
Nuovo Istituto Italiano d'Arti Grafiche - Bergamo

Printed in Italy

0 44600346
S 00003454
ISLAM
I°EDIZIONE

FIAMMA
NIRENSTAIN

RIZZOLI
MILANO